集英社文庫

おいしい おいしい

大 橋 歩

集 英 社 版

おいしいおいしい目次

1 おいしいってどういうこと

2 作る

3 おいしく食べるために

4 外の食事

5 体と食べもの

6 買物

7 台所とダイニングルーム

イラストレーション　大橋歩

デザイン　伊丹友広（イット イズ デザイン）

おいしいおいしい

1 おいしいってどういうこと

家の料理と外の食事

おいしい食事がしたければ、家でつくるのが一番と近頃思います。

お魚の煮たのも、ステーキも、おひたしも、ストロガノフも、鶏と野菜の煮たのも、スパゲティも、海の幸サラダも、ビーフンも、細切り牛肉いためも……。

手をぬかずに新鮮な材料で料理をすれば、家でつくったものが一番おいしいことに気がつかない人が多いのでしょうか、レストランや割烹料理屋《かっぽうりょうりや》のがおいしいと信じている人の多いこと。

もちろん、しろうとはしろうとの味でしかないといわれればそうですが、しろうとの味のよさというのもあるわけです。

外で食べる方がよいのは、特別においしい（当然お金に糸目をつけない）おすし、フランス料理、あまり値段に関係ない中国または台湾料理、そば、うどんぐらいと思います。

外で食事をするのは、おいしいものを食べたいだけじゃなく、外で食事をすることが楽しいという場合です。特に女性は、あげ膳《ぜん》すえ膳で、働かなくてもよいわけですから、うれしいのです。たまにはそうしたいと私は思います。まあたまにそうしますが。

　それでもそれが数日続くと、体がおかしくなってしまったように感じることがあります。体に異物がたまってしまったような、なんともすっきりしない気分になります。

　外食では絶対に野菜が足りないのです。和食屋に入って、焼き魚定食をたのむと、ほんの少しつけものがついてきます。あとは味噌汁《みそしる》です。これではバランスが悪いと思う人は、ほうれん草のおひたしをたのむでしょう。おかかののったほうれん草は、小さな鉢に入って出てきます。これでは足りない。野菜の煮っころがしをたのむと、煮すぎてやわらかくなりすぎた人参《にんじん》やいもの入ったやはり小鉢が出てきます。和食ですから野菜料理が充実していると考えるのは間違っているのを実感することが多いのです。

　近頃ちょっと行っていませんが、六本木にある山麓《さんろく》という和食屋さん、ずいぶん昔から通ってきましたが、ここにはかなり家庭的な食べものがそろっていて、好きです。

　例えば、なすの田舎煮《いなかに》、おから、にらなっとう、いわしのしょうが煮、ちりめんじゃこときゅうりの酢のもの、それから炊きこみご飯に赤だし味噌汁につけものというふうに食べると、満足します。味もなかなかよいのです。バランスもよいのです。

　狛江《こまえ》というところにある大好きな天ぷら屋さん、カウンターで揚げてもらいたてを食べるために、予約をして行きます。おいしい天ぷら屋さんです。最初に玉ねぎとレタスのサラダが小鉢に出てきます。アスパラガス、しいたけ等の天ぷらも揚げてはくれますが、野菜が足りません。そこで、つけ汁に入れる大根おろしをたくさん食べるようにしています。私は天ぷらは塩でいただきます。

仕事場が代官山にあった時（一九八九年二月まで）には市勘というすし屋に時々行きましたが、すしはごぼう巻きやらかっぱ巻きをたのまない限り、野菜は口に入りません。ですからすし屋にはたまーにしか行かなくなりました。

うなぎは銀座の竹葉亭か青山の佐阿徳《さわとく》に行きます。おいしいことで有名なうなぎ屋もありますが私はまあまあの味で満足しますから、遠くまでは足を運びません。さて、あのうなぎというのにも、野菜があまり合いません。丼《どんぶり》がくる前に酒のさかなとして酢のものをたのんだりしますが、野菜の煮ものやおひたしは食べたくないので、うなぎ丼でお腹をいっぱいにしてしまいます。強いていうなら、特別注文（うなぎ丼についてくるつけものじゃなくて）のつけものぐらいをたくさん食べます。

天ぷらにもすしにもうなぎにも、野菜料理はあまり合わないのかも知れません。それぞれ、それだけで満足な味になっていますから。

アメリカでヘルシー料理として評判のいいすしや天ぷらのような日本料理ですが、野菜料理が少ないわけですから、何がヘルシーなのか首をかしげたくなります。

野菜をたくさん食べたければ、台湾料理という手があります。インド料理もそうです。イタリアンも大丈夫です。

必ず野菜のものを注文します。青菜いためもいいですね。

ところで西新橋にある有名な中国料理屋さんで、青菜いためをたのみましたが、煮すぎてくたくたになった青菜にはびっくりしてしまいました。あれなら食べない方がましです。野菜というのは煮すぎたら栄養をなくしてしまうからです。

インドカレーのほうれん草入りもくたくたにはなっています。豆のカレーは栄養がありそうです。インド料理を食べる時は、ベジタリアンになったつもりでメニューに挑戦しています。イタリアンは、メインディッシュのつけ合わせの温野菜だけを別に注文します。ミネストローネのスープもたのみます。サラダもたのみます。すると後はパスタぐらいしか食べられません。

私の場合外食をする時、野菜料理を食べるように気をつけています。それでも外食が続くと、体の調子が悪くなってしまいます。

先日の私の体験です。うなぎをご馳走《ちそう》になりました。お酒のつまみのそら豆はいただきましたが、例のようにうなぎのお重でお腹をいっぱいにしました。それはそれでおいしかった。

次の日に六本木のモティというインド料理屋に行きました。ほうれん草やガルバンゾー（ひよこ豆またはチャナ豆）や魚のカレーの他にタンドールチキンと野菜のライタ、人参のお菓子を食べました。もちろんインドのパンのナンも食べました。

二日続けていただいたおいしい外食で、私は一・五キロ太ってしまいました。多分炭水化物を多くとりすぎたんだと思います。ただ太ったというのじゃなく、なんとも不健康なむくみが出てしまいました。仕事で疲れていた上での重い食事だったからでしょう。

次の日は、ひじきを煮たのや、春菊のごまあえや、たこきゅうりの酢のものや、いわしの塩焼きを食べました。ご飯は玄米です。味噌汁の実は大根です。翌日のヘルシー食事だけでは体がもとにもどりません。翌々日は、人参とこんにゃくの白あえとほうれん草のおひたしときゅうりとわかめの酢のものとかつおのさしみときのうの残りのひじきの煮たのを食べました。味噌汁の実は豆腐でした。二日続けても体のむくみはとれません。

二日続けた重い食事は、次の二日の軽い食事ぐらいでは元には戻らないのです。たぶん四日はかかるのです。もしかしたら六日はかかるかも知れません。

そんな具合で、外で楽しんだ分、後が大変です。それも私が若くないからだと知っています。代謝がにぶいんでしょうね。若い人達のようにエネルギーを消耗させてしまえないのでしょうね。だから近頃食べるものに関心を持ち始めたのです。

そして出来るだけ家でつくった食事を食べるようにしています。手はかかるけれど、家の食事は不思議とあきないし安心です。それにこれからの時代は自分の体を管理してこそ人生があると思うのです。これは別に年齢だからだけのことではありません。三〇歳すぎたら食べものに意識を強くしないといけないのです。モーレツ働き人間はもう古い時代の人間なのです。

ブリニの上にのせた キャビアを食べる

友人の亀井武彦さんが、外国ロケの仕事の帰りに、キャビアとブリニを買ってきたということで、大西公平さんご夫妻と食事をすることになりました。私の家に集まることになりました。

飲みものは私の家にあったドン・ペリニョンのシャンペンと、ウォッカと、白ワインのシャブリです。亀井さんの奥さんがキャビアとブリニの他に、スモークサーモンも持ってきてくれました。私が用意したものは、紫キャベツサラダ、いんげん豆サラダ、ラタトゥイユ、ガルバンゾーのインド風、いわしのソテー、じゃがいもとセロリのゆでたの、チーズ、田舎パン。ヘルシーメニューです。実は足りないといけないので紀ノ国屋のハムも用意してはおりました。

冷凍してあったらしいブリニをあたためるのに、時間がかかりましたが、なんとか生あたたかくして、亀井さんが用意してくれた生クリームとサワークリームもテーブルに出し、キャビアはスタイリストの北村道子さんの外国ロケのおみやげにいただいた、本格的なキャビア器に盛り入れました。

私と私の夫は本格的なキャビアの食べ方を知りません。せいぜいチコリの上にのせて食べることぐらいでした。ブリニにのせて食べるなんて、初めてです。

大西さんご夫妻は、ヨーロッパ旅行でたっぷり食べている人です。私はとなりの席の大西さんの奥さんのやり方をまねしました。自分の皿にブリニを一枚とる。それを半分に切る。ひとつにたっぷりホイップした生クリームをのせる（ぬるのではない）。もうひとつにはサワークリームをのせる。そしてその上に黒くプチプチときらめくキャビアをどっさりのせる。まず生クリームとキャビアの方のブリニを口に入れました。ガブリッ、モグモグ、モグモグ、ゴクン。うーん、うーん、おいしい。えもいえぬおいしさ、きらめくおいしさ、デリケートななかにも存在感のあるおいしさ。これがキャビアだ。今までちびっとをカナッペにして食べていた、あの、こんなもんか、という味とはちがった、いってみれば豪快な味。これは正《まさ》に美食のひとつです。サワークリームの方は、キャビアの塩味とサワークリームの塩味が重なって塩からいので、太るなあと思いながらも、生クリームをその上に重ねて、ムシャッムシャと食べたのでした。

生クリームとキャビアが、こんなに合うとは知りませんでした。大西さんが、キャビア

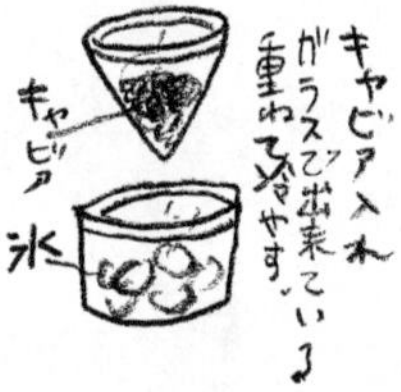

だからウォッカがよいということでしたが、結局シャンペンを飲みながら、一人あたり二枚のブリニをたんのういたしましたのです。

持つべきは味に豊かな友人です。

ピンクハウスのデザイナーの金子功さんのパリみやげもすばらしかったものでした。日本には売っていないすごーく豪華なフォアグラのかんづめ、それに日本ではちょっと食べたことがないルブロションのチーズ。フォアグラは三回か四回もいただきました。

いつだったか、夫と二人で食べてしまうにはもったいないので、今回のキャビアのメンバー、亀井さんご夫妻と大西さんご夫妻で、いただいたこともありました。フォアグラもチーズもおいしくて、金子さんに感謝したものでした。

さて、キャビアの後のもろもろはどちらかというと馴《な》れた味です。ここで特に話すこともありません。

食後は大西さんが持ってきてくれたいちごと、私が焼いたシフォンケーキと、紅茶です。大西さんはチーズをたくさん食べてしまったから、デザートは食べられないと、ウンウンうなっていました。私はブリニでお腹がいっぱい、キャビアで気持が満足。それでもおしゃべりしているうちに、テーブルの上のいちごもケーキもなくなっていました。

その夜遅く、夜中の一時頃、夫と台所で後片づけをしながら、楽しかったねえ、おいしかったねえ、いい人達だねえ、よかったねえ。ところで私達のこともいい人達だと思ってくれていると思う？　と夫にいいましたら、夫はそんなことわからん、といいました。そうか、といいながら私は胸の中で、あの人達もそう思ってくれているとうれしいなあと思いました。

持つべきは心の、気持のそして感覚の豊かな友人だと思いました。

キャビアをいっしょに食べなかった北村道子さんサンキューです。あの人も極上によい人です。

すごーく幸せな夜でした。

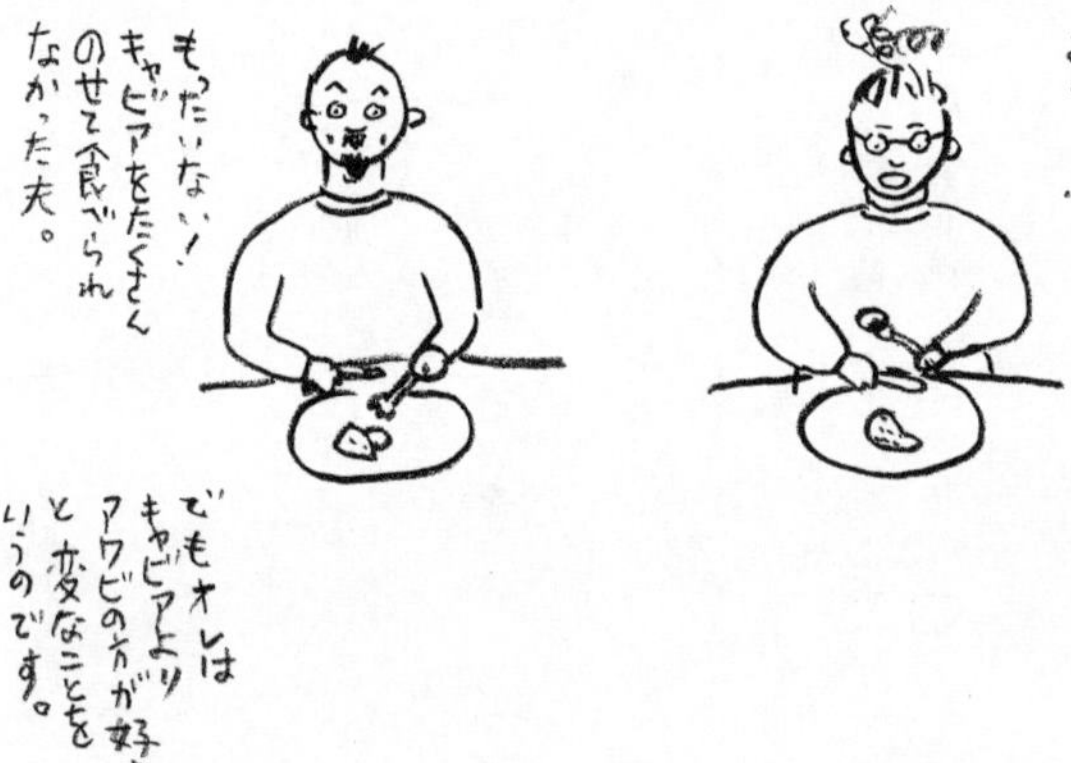
なんという
おいしさ！
もったいない！
キャビアをたくさん
のせて食べられ
なかった夫。
でもオレは
キャビアより
アワビの方が好き
と変なことを
いうのです。

フランスの食べもの

私の好きな料理は、和食、イタリアン、中華です。中華は台湾料理が好きです。でもまあおいしければ中華はおいしい。パリで食べる中華はヴェトナム風だと聞いていますが、パリで食べる中華もおいしい。ニューヨークで食べた中華もおいしい。中華街じゃなくてもおいしかった。中華料理はどこでもおいしいのですね。

あんまり食べたいと思わない料理はフランス料理。日本のレストランで食べるフランス料理、手がこみすぎて、味が複雑すぎて、それから重すぎますもの。

パリに旅行された人は多いと思います。パンのおいしいのにびっくりされた方もいるでしょう。朝だって焼きたてのパンしか食べさせませんから。アメリカやイギリスでは焼いてあったパンを焼きなおして食べます。でもフランスは違います。焼きたてのクロワッサン、ブリオシュ、フランスパンです。おいしいのはあたりまえ。

コーヒーもおいしい。街角のカフェで飲むコーヒー、おいしいのです。こくがあるのです。深みがあるのです。

パンとコーヒー、料理とはいえないこんなものでも、おいしいのですから、フランス人はおいしいものに深いはずです。

トリフ、フォアグラ、パテ、テリーヌ、シャンペン、ワイン、ちょっと思いつくままフランスの食べもの飲みものをあげてみても、文化の歴史がつまっていると思いませんか。

何年か前に仕事でパリに行きました。食器を扱っている店を訪ねました。陶器のものにしろガラスのものにしろ、奥が深いのです。食生活に文化と歴史があるのを、食器からも感じられるのです。

パリはファッションの都として長年私達を憧《あこが》れさせてきましたが、食生活の文化は今も私達をワクワクさせます。パリに行くと、ここでしばらく住んでみたいと思います。食生活のまわりの文化を少しのぞかせてもらいたいと思うからです。

二〇年ちかく前になりますが、マドモアゼルノンノンの荒牧太郎さんが原宿にお住まいの頃、雑誌の編集者の友人とお家にうかがったことがありました。パリに何年か暮らしていたことのあったらしい荒牧さんのお家のダイニングテーブルの上に、その日はみょうな機械が置いてありました。パリから取りよせたエスプレッソコーヒーの機械でした。それでご馳走してくださるというのです。プシュッという音といっしょにデミタスのカップに出てくる一人前のコーヒー。おそれおおくもパリを頂戴《ちょうだい》するわけです。一口いただく、うまいだろうという荒牧さんに、コクンと首をたてにふる私。でもこーんな苦いコーヒー、おいしいなんて絶対に思わないのに、エスプレッソを飲んだことで、パリとパリにいたことのある荒牧さんに近づけた気がしたものでした。エスプレッソはイタリア式コーヒーですが、パリでも一般的で、そしてやはりおいしくいれられています。日本では今でもパリで飲む程おいしいエスプレッソは、なかなかいただけません。

荒牧さんのように、パリで暮らしたことのある日本人が、日本の私達にフランスの食生活の文化をたくさん教えてくれています。

日本のフランス料理屋の料理が苦手な私だって、チーズとワインのある食卓が、日常生活の中にとけこんでいるぐらいですから。日本の家庭にもフランスの食生活が入ってきているのです。

フランス料理を知りたい

　フランス料理は、家庭の料理というよりは、レストランで食べる料理と思っています。あんな手のこんだ料理は、家庭ではつくれない、と思っているし、重いソースも食べなれないせいか好まないし、私はどうもフランス料理を敬遠しすぎています。

　フランスに絵などの勉強に行ってきた人のなかには、食べものに執着を強く持つ人が多いらしい。きっと日本でフランス料理を感じるのとは、ずいぶんちがうのでしょう。まあフランスに住んでいれば、フランス料理があたりまえなのだけど、それにしてもその隔りはいったい何なのかと不思議です。そしてアメリカやイギリスに行った人からは、食べものの話はあまり聞きません。絶対にフランス料理には特別の魅力がかくされているようです。

　でもフランス料理っていったいどういうものなのですか？　肉のワイン煮、オマールえび、トリフ、フォアグラ、シードル、カルバドス（りんごの蒸溜酒《じょうりゅうしゅ》）、ボルドー、カマンベールチーズ、パテ、テリーヌ、エスカルゴ、等々の単語は、私たちの耳に近頃なれてきているとは思います。フランスの食は、そう遠いところにあるというわけではなさそうです。そしてどうもなにやら魅惑的でもあるようなのです。

「マリ・クレール」の料理の頁《ページ》に絵を描いている島本美知子さんは、もと「アンアン」のフリーエディターでイラストレーターでした。もちろん「アンアン」創刊当時のはなしです。彼女はパリに行ってしまいました。島本さんのパリでの生活は私は知りません。久しぶりに「マリ・クレール」で島本さんの絵をみて、偉いなあと思いました。東京で何回か展覧会も開催しました。文化出版局から『わたしお料理大好き』というつくり方つきイラストの本も出しています。この『わたしお料理大好き』の中には、パリに生活をした人たちが教えてくれる、フランスの食生活がプンプンとにおっています。私は島本さんのこの本が好きです。私の知らない食生活文化を教えてくれるからです。なんだ、フランス料理ってこんなもんなんだ、とまでは思いませんけれど、フランスの楽しめる食生活にチラッとふれる喜びがつまっている気がします。

一五年ぐらい前になりますか、亡くなったMさんという人は、パリに住んでいました。帰ってきてから、ご馳走するからといって家に呼んでくれました。スペインで買ったという皿の上に、なにやらごちゃっとした肉料理がのりました。ワインだって出ました。フランス風の料理だったらしいのでした。当時の私はよくわかりませんでした。けれど食を楽しむことが上手だなあと思いました。友人達と食を楽しむ、それがパリ風のひとつだったのかもしれません。近頃日本でもバゲットに、チーズに、ボルドー、それに野菜があれば、もう十分だわ、という人が多くなりました。

夕食はご飯におしんこに味噌汁がないと終わらない友人たちもいます。ある日その人達の好みのことをすっかり忘れてしまって、生ハム、温野菜、とりのワイン煮、野菜サラダ、パンにチーズ、それからシャンペンとワインを出したのでしたが、最初は不満そうでした。食べ終わってから、わりにパンとチーズっていうのもいいねえ、といったのです。

フランス風の食生活は、レストランの料理とは違った手軽なものなら、まねが出来るし楽しめる時代です。

それにしても、もっとフランス料理を知りたいと私は思います。それにはフランスに行ってしばらく住んでみるのが一番です。私にはそれが出来ないのが残念です。

なんでも食べる

ケータリングと料理教室の仕事をしているFさんから電話があり、久しぶりにおしゃべりをしました。Fさんは、普通の食堂がなくなってきて、残念といいました。気がつくと、軽薄なしつらえのファーストフードなみの食べもの屋になってしまっているか、時代の流れにのまれて消えてしまうかだといいました。食堂には関係ないけど麻布の近頃有名なヴァランセというチーズ屋さんに先日行ってみたけど、おみやげとしていただいたワインがA乳業のものだったから、バックボーンがあるみたいよ、と私がいったら、自由が丘にあったチーズ屋さんはなくなってしまったとFさんの話です。

自由が丘にあったチーズ屋さんは、小さなお店でした。カンナで薄くスライスしたかたいチーズや、ゆでじゃがいもにとかして食べるチーズを教えてもらったものでした。チーズというのは日本人の生活になかなかなじまないから、どんなよい店でも経営は大変だと思うのです。問い合わせたところヴァランセは、A乳業のアンテナショップなのだそうです。そうじゃない限り、需要の少ないチーズショップのまじめな展開は行きづまってしまうのです。

神谷町にフェルミエというチーズ屋さんがあります。チーズの普及に頑張っているような感じがします。いつまでも今のように前むきに続けて欲しいと思います。

ヨーロッパでのパンとチーズは、日本でいえばご飯とつけものみたいなものじゃないのでしょうか。チーズはメインディッシュを食べ終えて、サラダも食べ終えて、デザートの時に出てくるのですが、こういう食事に馴れていませんと、お腹がいっぱいになってからチーズはちょっとヘビーな感じがします。食べ馴れますと、チーズがないと食事が終わらない感じなのでしょう。

ワインとパンとチーズは、疲れて料理を作りたくない時、特に一人の時にとてもよいの

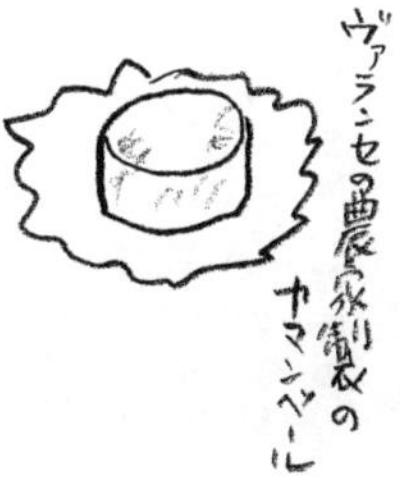

です。出来ればボイルしたブロッコリーやアスパラガスを自家製マヨネーズで食べられればもっとよいみたいですが。

何年か前にインド人の知り合い夫妻を家に招きました。夫が日本料理を食べさせたいというので、肉も魚も食べないその人達に、野菜煮と野菜ずしをつくりました。酢のものはきゅうりとわかめにしました。わかめは食べませんでした。変なものだと思ったんじゃないでしょうか。野菜煮のこんにゃくも食べませんでした。やはり食べものとは思えなかったんじゃないでしょうか。野菜ずしには塩をたくさんふりかけました。そしておいしいです、おいしいですというわりにははしがすすみません。日本料理は味のないものだと思ったのでしょう。考えてみると日本料理にはこしょうやスパイス類はほとんど使いません。だしと塩としょうゆです。スパイシーな食事に馴れているインド人の舌にはやっぱり理解出来ないのも無理はありません。

そのことを知っていたら、パンとチーズと温野菜とサラダを出したのにと後から思いました。インド人は乳製品で動物性蛋白質《たんぱくしつ》の栄養をとっていると聞いていました。チーズならよかったのです。

近頃のアメリカではスシ、テリヤキ、テンプラが普及しています。でも懐石料理や精進料理はどうなのでしょうか。

日本人やアメリカ人は、わりとどこの国の料理でも受け入れてしまうのですが、インド人のようにほとんど自国で食べていたものしか食べないというお国柄もあります。

アメリカには日本料理屋も多くなりましたがフランスの食べもの屋も多くなりました。チーズ屋もどこにでもあるようになったし、フランスパン屋も多くなりました。

ニューヨークに一人旅行した時、一人で夕食をとらないといけない日はおっくうで、パンとチーズ、それに出来あいのラタトゥイユを買ってきて、ホテルで食べることもします。チーズのいっぱいのったピザパイを買ってきてすますこともあります。

日本でも食べなれたもののあるニューヨークやパリでは、一人旅でもそうつらい思いをしないですみます。

イスタンブールから帰ってきた知人の話では、食べものがまずいんだそうです。スパイシーなんだけど味がないんだそうです。それを聞いたら、うちによんだインド人の知人のことを思い出しました。スパイスがきいてないから味のない日本料理という逆な体験を、彼らはしていったわけです。

食べものも国際的になってきました。チーズだってそうですが、フランス料理、イタリア料理、スイス料理、ロシア料理、ギリシャ料理、中華料理、韓国料理、ヴェトナム料理、タイ料理、まだまだありそうですが、東京には世界の食べものがそろっています。

いろんな料理を食べられるかわり、気がつくと、Fさんがいうようになんでもない日本の大衆料理が普通の値段で食べられなくなってきていると思います。

インド料理にのめりこむ

丸元淑生《まるもとよしお》さんの『続・新家庭料理』（中央公論新社）の本の中に、ガルバンゾーのカレーのつくり方があって、つくってみたらおいしい。つくってすぐに食べるより、次の日ぐらいの方がおいしかった。同じ本の中にカリフラワーのサブジというのもあって、これもインド風で、つくってみたら、これもまたつくった時は味がしみてなくて、そうおいしくなかったけど、次の日はみちがえる程のおいしさに変化していて、うれしかったのです。これがやみつきになって、たまたま買ってきたレヌ・アロラさんの『私のインド料理』（柴田書店）という料理の本のとりこになってしまいまして、ゴールデンウィークの始まりの日に、一日中台所でインド料理づくりを楽しみました。

丸元さんのガルバンゾーのカレーとムング豆の入った野菜スープと野菜のビリアニとレヌ・アロラさんのフィッシュボールとトマトのライタと大根サラダをつくりました。レシピどおりにつくったのでスープもビリアニも量が多く、友人をよぶことにしました。急だったこともあって、一人しかきてもらえなく、夫と私と三人でたくさんのインド料理をパクつくことになりました。とてもおいしかったので、私は当分インド料理にのめりこみそうです。

インド料理というと日本ではカレーライスしかなじみではありません。最近はインド人のつくったカレーの食べられる店が東京には多くなり、カレーというイメージがだいぶん変わってきました。やはりインド人のつくる本格的インドカレーは、おいしいのです。どうおいしいかというと、何種類ものスパイスがきいているのでしょう、こくがあるのです。材料は意外にシンプルで、豆をはじめチキン、マトン、ほうれん草、じゃがいもといった、どこの台所にでもあるようなものでつくれて、レシピどおりにつくれば、しろうとにでもこくのあるインドカレーがつくれるのです。

私の学生時代、渋谷の道玄坂をのぼりきったところに、ムルギーという店名のカレー屋がありました。評判よくて、時々食べにいきました。日本のそば屋や洋食屋のカレーライスとは違って、どろどろの水っぽいカレーでしたが、それが、とてもおいしかったのでした。今思うとあれはインド風でした。

私の息子の話によると、そのカレー屋はまだ道玄坂でやっているそうで、食べに行ったというじゃありませんか。私がムルギーカレーを食べに行っていたのは、息子よりひとつふたつ若い年齢の頃のことです。

私は雑誌社のお中元でいただいたマスコットのカレーのルーを使ってえびカレーをつくってから、マスコットフーズのカレーのルー党になり、夫もこのカレーが大好きで、一時は重宝いたしました。仕事を持っている友人にも教えてあげました。楽だし失敗などしようもないしおいしいし、喜ばれました。

最近銀座のインドカレー屋のデリーのルーをもらいました。私がマスコットのカレーのルーの話をしましたら、おいしいルーがあるというので買ってきてくださったのです。まだ使っていませんが、おいしそうです。

日本人はカレーが好きです。子供の好物はカレー、スパゲティ、ハンバーグだそうで、私の夫は子供並みなのか、三大好物がカレー、スパゲティ、うなぎです。ニッポンジンなのです。

カレーライスだけがカレー料理じゃありません。インド料理はほとんどが、カレー味かスパイス料理です。ライスは日本のようにはつきません。

フランス料理は家庭ではつくれませんけどインド料理は家庭でつくれますのでぜひつくってみられることをおすすめします。

学生時代、ムルギーカレーに
時々行きました。

ご飯の上にカレーが
かかっていないのが好き。

こんなの
きらい。

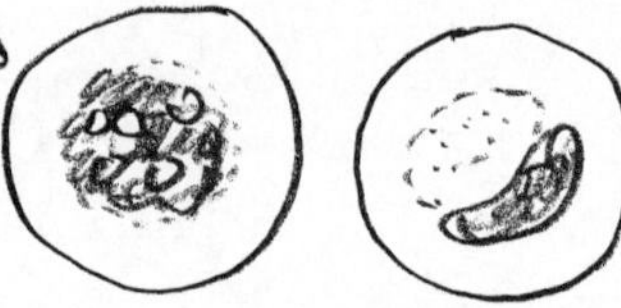

できれば小さいときにおいしいものを食べておく

バイオリンでもピアノでも、小さい時から習っていないと、決して演奏家にはなれないと聞いています。音感は体で覚えるものだからでしょうか。

味についてもそれに近いことがいえると思います。小さい時からおいしいものを食べていると、舌がわかるようになるのです。

もちろん音楽にも料理にも例外ということも多いのですが。生まれつき感覚のないという場合は、例外です。

私のように戦争と戦後のまっただ中で育っていますと、生まれつきの感覚にたよるよりしかたがありません。生まれて初めてアイスクリームを口にした時の、えもいわれぬ美味に舌も体もとけてしまいそうになった感激、生まれて初めてバナナなるものを口にした時の、なんという悪魔的な味覚と、後ろめたい思い。要するに私の場合は、いも入りのご飯や麦ご飯にうんざりして育ちましたから、出合う食べものはほとんど衝撃的感動的体験であったのでした。

私の育った母方の祖母の家は、私の稚《おさな》い頃は貧乏でした。食べるものは畑や田んぼでとれたものと、鶏と、魚ぐらいでした。落ちぶれた和菓子屋でした。

祖父は大きな和菓子屋を二店いとなんでいる家の長男として育ちました。この人の舌はなかなかだったと思います。うまいものを知っていた舌でした。祖父の母、私には曾祖母《そうそぼ》にあたる人は、貧乏になった家の上座の席で、まずいといって膳をひっくりかえして、泣いてしまうような人でした。

貧しい中で育ったのに幸い母は舌がよかったようで、中学二年からいっしょに住むことになった母の手料理の味はよかったのでした。その母が私の子供のお守りに上京してきて、ついでに食事係もひき受けてくれて、私や夫の友達の評判になりました。もちろんフランス料理やイタリア料理や中華料理というものではありません。魚の煮たの、野菜の煮たの、白あえ、ごまあえという類《たぐい》の家庭料理でした。今私がお客に出す料理は、やっぱり家庭料理になってしまうのですが、それも母の手料理のまねごとです。母がつくって食べさせてくれた味が私の基準になっていると思います。その母も孫と二人の時には手ぬきをやっていたそうで、孫こと私の息子は何故《なぜ》かインスタントものが好きで、特にイシイのハンバーグというのが好きだったようで、今成長してそれを食べていたと白状しております。彼の舌はレトルトのハンバーグなるものに毒されてしまって、一時はこれはまずいナと思いましたが、稚い時に千疋屋《せんびきや》でメロンをたのみたがりそれも必ずおかわりをしたがったり、クニエダヤスエさんのお家のパーティで、ご主人の佐藤明さんのとっておきのフォアグラのかんづめをいただいて、何度も何度もせがんだり、代官山に昔レンガ屋というレストランがあったのですが、そこのフランス風の薄切りのステーキが好物だったりのような経験が、少しばかり舌に残っているようなのと、おいしいものを食べにいく時は、なにがなんでも連れまわしたことで、あらおまえそれはおまえの年齢のデートではぜいたくすぎるよ、というような食べもの屋にたまーに出入りするようになってしまっているのです。

夫はというと、私と同年ですから、貧しい食生活で育ってきていて、夫の母も貧しく育ったようで、舌は成長しようがなかったようなのです。夫の好物はカレー、スパゲティ、うなぎ、あじの開きです。それにのりが大好きで、トマトソースやミートソースのスパゲティにも細く切ったのりをかけてよいかという味おんちです。焼き魚があるのに白い炊きたてのご飯の上にみそ汁の実をのせて食べるから、それは白いご飯にもみそ汁にも失礼なことだと私は文句をつけます。夫だけじゃありません。私の世代はみそ汁が惣菜《そうざい》だったのです。ご飯とみそ汁とつけものさえあればおいしい夕食だった時代に育ちましたから、何十年たってもそこからぬけない人もいるということです。

もちろんその世代だからといって、夫のような人ばかりというわけではありません。せめて十代の後半に体験していれば違うのです。あっ、この味感激、あっ、この味胸キュンもの、という感性を持ち合わせていれば、味覚は前むき、前進するものです。

私の家では夫はそういう舌ですし子供はそういう育ち方をしていますから、家ではご飯とみそ汁がないとダメだとはいいません。パンとチーズでも、スパゲティでもぜんぜん文句をいいません。それにうーんと料理上手じゃないと主婦役がつとまらないというわけでもありません。まあ、子供は私の味に批判的ではありますが、いずれ家を出ていく身、私はあまり気にいたしません。

というようなわけで、私は私の幼児体験の舌で、なんとなく毎日の食事係をつとめているのです。

自分のたのしみの

外食が大好きで、外で食事が出来るんならファーストフードでも、飲み屋でも、ラーメン屋でもいいという人がいます。外での食事は栄養のバランスがとれないから、体によくないという考えは、その人には問題ではないのです。

生活が苦しい人がいました。子供の養育費にも困っている人がいました。仕事をみつけて働き始めました。一ヶ月の収入は生活費ぎりぎりでした。なにしろ子供が三人もいましたから。

でも彼女は弁当持参ではありませんで、毎日外で昼食をしました。たばこが好きでしたから、食後のたばことコーヒーは欠かせなかったようでした。

私みたいな人間は、そういう状況なら絶対に弁当持参です。少しでも家計を楽にしたいと思うからです。今でもありものの残りものの弁当で平気な私です。外で昼食をするよりずっと経済的です。もしコーヒーが飲みたいんなら、それもポットに入れて持ってきてしまうでしょう。

でも私が正しいというつもりはありません。彼女にとって昼食を外でするということは、気持をよくすることだろうからです。仲間と楽しく語らいながら、一時間足らずの昼休みをすごすことが、彼女にとっては大切なことだったら、彼女にとってはそれが正しいことなのです。

私はファーストフード屋には絶対入りません。私の今の仕事場は街中じゃなく世田谷の住宅街にありますから、近場においしいレストランも和食屋も中華屋もすし屋もありません。このへんは食べるところがないのよと友達に話します。でもチェーン店のうどん屋もあるし、商店街には昔からあるすし屋もそば屋も中華屋もあります。でも私の舌のふるいにはひっかからないのです。

ようようひっかかるのが、公園のむこうにあるき乃やというそば屋、商店街の焼き肉屋の竹園《ちくえん》だけ。この竹園に近所にお住まいなのか有名な食べもの評論家の色紙が飾ってありました。びっくり。うんと足を伸ばして車で二〇分のところにある天ぷら屋のTは、近所ではないけれど近場ということでは唯一うれしい食べもの屋です。

お腹がいっぱいになれば何でもいいと私は思わない。それぞれ納得のしかたや納得の線が違うのです。

私がよく行く店は、代官山（前に仕事場があった）のアントニオ（イタリアン）、リンカ（台湾料理）、市勘（すし）、六本木のキャンティ（イタリアン）、山麓（和食）、狸穴《まみあな》そば、本むら庵《あん》（そば）、青山のサバティーニ（イタリアン）、佐阿徳（うなぎ）、長徳（うどん）、銀座の竹葉亭（うなぎ）、ニュー千疋屋（フルーツパーラー）、ウエスト（喫茶店）、やま平（おでん）、そんなところです。うんと高い値段の食べもの屋ではないし、もちろん高級食べもの屋ではないところが私の行きやすい店であり、私の生活レベルでもあるのです。

自分の納得できるうれしい心地よい基準というのをたいがいの人は持っています。その成りたちは、年齢によるし、生活状況によるし、経験によると思います。

若い女の人は今風インテリアに凝った食べもの屋に行きたがります。若い人の雑誌には、次から次へと新しい店の紹介が載ります。新しい店に行くことが多くの若い人の楽しみでもあり、行ったことが自分のラインぎめでもあるようです。

主婦むけの雑誌の食べもの屋紹介は、若い人の行く店とはちょっと違っていて、高級フランス料理屋等が多いようで、やはり雑誌で知ってそういうところに、昼食時、主婦達がわんさかやってきています。ランチ五千円よりはディナー一万円よりのランクの普通なかなか行けないレストランの経験として、大切なのでしょうか。

私だって雑誌の食べもの屋紹介を無視しているわけではありません。行ってみたいと思った店は手帳に書きつけています。ただ昼食には行けません。昼間は仕事をしていますから。夜行けたらいいなと思います。でも残念ながら、なかなか勇気とチャンスがありません。

この仕事を始めて、勇気をふるい起こして行こうと思ったレストランが、三重県の伊勢《いせ》志摩にある志摩観光ホテルのフランスレストラン（ラ・メール）です。

仕事で行くパリでは三つ星レストランで食事もする美食家のカメラマンによると、新幹線で行っても味わいがいのあるレストランだというのです。鎌倉書房の「四季の味」ではこのレストランを紹介しています。

百聞は一見にしかず、この場合は聞くより味わうことが大事です。

高級レストランが好みでも、美食家でも私はありませんが、これは特別の経験。いずれ楽しんでみようと思っています。

おいしく見えたいお弁当

秋田の杉の木の二段重ねの長方形の弁当箱を買ったのは、もうかれこれ一〇年程も前になります。あれは日本橋の丸善のクラフト売場でみつけたのでした。

その素朴な弁当箱に、夕食の残りものと焼き魚中心のおかずをつめて、ご飯の方には梅干しをのせたりして、またまた素朴な内容の弁当にして、夫の昼食用に持たせてきました。

私の弁当づくりは年季が入っていまして、子供のために幼稚園二年間、小学部六年間、中等部三年間の一一年間、弁当づくりをしてきました。内容はいろいろで、しんどい時は冷凍のうなぎをあたためてご飯の上にのせて持たせたりもしました。仕事を持っているお母さまで、やはり私と同じような弁当を持たせていた人から、子供同士が学校でなげきあっていたらしいと、弁当がいらなくなってから、教えてもらいました。子供もがまんしていわなかったのです。文句をいわないことをいいことにして、なまけるだけなまけていたと反省しました。

カレーライスが弁当になるのを知ったのは、子供のリクエストでした。カレーライスを持ってきている友達を見てリクエストをしました。クラスの子供のユニークな弁当のひとつに、日本そばというのがありました。「まっちゃん今日の弁当日本そばだったよ」というので、「えーっどうやって持ってくるの」と聞きますと、「つゆはこぼれないふたのついたのに入れてくるんだ」とのことで、のびてくっついた冷たいそばを、つゆにつけて食べているまっちゃんを思うと、なんだかほほえましく、飾りの多いきまりきったお弁当づくりなんかすることはないなと、気が楽になったものでした。

その続きを夫にもしてきました。

ある日ご飯の残りもなく、弁当の為《ため》に朝から炊く気もなく、冷蔵庫をのぞいてみつけた二日ぐらい前の夕食の残りのカマンベールチーズとブルーチーズにクネッケをさがしだして持たせましたら、帰ってきて、あれいったいなあに、いくらなんでもショックだったと申しました。そうか、りんごかバナナでも入れとけばよかったわね、というようなこともやっています。

チーズとパンとサラダというのは夫の弁当によくしてきました。ゆうべのワインの残りを持たせると喜んでいます。手ぬきもいいところです。

ご飯のおかずは、たらの粕《かす》づけか塩ざけの焼いたのに、ほうれん草のごまあえ、ゆうべの残りものの煮ものというのが多いのです。卵焼きなんかつくりません。卵は、ほうれん草とじゃこをいためて卵でとじるようなものが多いかな。杉の長方形の箱の中の色合いは今ひとつかふたつ、パッとしないのです。

　つい数日前のこと、夫が帰ってきて、ようちゃんはお弁当づくりが上手だよ、と申します。どういうの？　と聞きますと、色のついたきれいな弁当箱に、きれいなおかずが並んでいて、すてきだったといいます。へーっようちゃんえらいねえ。

　ようちゃんというのは大学の助手の奥さんで（私の夫も大学に勤めている）、最近赤ちゃんができて多忙な日々をおくっている人です。グラフィックデザインの仕事もしていて、今は赤ちゃんが眠ってから、その仕事をしているというような人です。

　さて、次の日も焼き魚弁当を持っていった夫、きれいでおいしそうなようちゃんのご主人のお弁当と、自分の弁当の中味をしみじみながめ、比べたんだと思うのです。

　それから、この弁当箱はあまりよく見えないよ。やっぱりようちゃんとこみたいな塗りのじゃなきゃ、といいました。

　次の日、私は私の赤茶の塗りの弁当箱に、玄米ご飯におこぶのつくだ煮をのせて、たらの粕づけの焼いたのに、ほうれん草の卵とじと、おからを入れました。

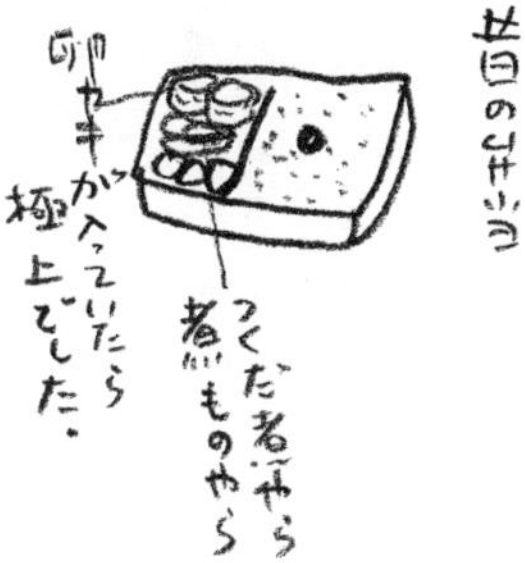

ようちゃんの弁当のことがなんとなく頭から離れませんでしたので、アシスタントと弁当をひろげたお昼、よくよく考えてみました。やはり塗りの方がしまっておいしそうには見えるかもしれないと思いました。その日の夫の弁当箱には私の弁当の内容プラスじゃがいものそぼろ煮も入れてありました。箱の色に近い色ですから、おいしそうには見えなかったでしょう。

家に帰ってから夫に、「そのうち塗りの弁当箱をさがしてくるからね。でも本物の木の塗りの弁当箱って高いんだよ」そういいながら内心それでも気分良ければいいか、と思いました。

弁解がましいのですが、見かけは悪くてもおかずの味はまあまあよいのです。さて、数日たってもそのことが頭にあって、なんとなく考えていたら、杉板の折りづめ弁当だって、おいしく見える弁当は多いのです。とすると杉箱がいけないんじゃなくて、さけと卵焼きとウィンナーソーセージとほうれん草とかまぼこなどの、形や色のはっきりした食べものを上手に並べれば、よいのではないのかと思いました。

お弁当をひろげる時のしあわせな気分を一層しあわせにするんだったら、明日は卵焼きをつくってみようかと思っています。

2 作る

すぐに作る

つい一ヶ月程前、ある出版社の編集者（古い私の本を文庫本にしていただく）の方に、人参《にんじん》ジュースが体によいと教わりました。私の書いたものの中に、子供がアレルギー体質だというのがあったらしく（私は書いたことを覚えていなかった）、それでアレルギー体質にとてもよいジュースだからとすすめてくださったのです。子供は成長してしまって、人参ジュースは体によいと用意しても、飲みそうもないので、アレルギー体質の夫に飲ませるべく、ジューサーを購入したのです。

人参とセロリとりんごのジュースですが、コップに一杯、朝一番につくっていただいています。体によいものなら私もというので、私もいただいています。

一ヶ月目の効用は、酒類をいただくとすぐに赤くなること。効用というとおかしいけれど、私の体が入ってくる食べものに素直になったということです。そんなにお酒はいただけませんが、飲んでも顔に出ない体質でした。だからといって強いわけではありませんで、ビールでも飲みすぎると（私の飲みすぎる量は七〇〇ミリリットルぐらい）次の日にも体の中がどんよりしている。その程度でした。つまり私はそんなにお酒に強くない体質なのに、顔に出なかったわけでそれは血のめぐり方が鈍かったんじゃないのかと思うわけです。ジュースを飲んでいるうちに、血のめぐり方がよくなったんじゃないのかな、と思うのです。

それから、私の左手の中指の爪はここ五年ぐらい、肉にくっついている部分が狭くなって、通常の半分ぐらいは、肉からはがれたようになっています。マニキュアを美容院でしてもらう時に、消毒をしてもらって、大事にしていると少し上がってくるのですが、何か

の時にまた狭くなるので、私もあきらめていました。

それが気がついたら少し上に上がってきているのです。まあ気のせいかも知れません。もう少し飲み続けて様子をみます。

一ヶ月ぐらい前に知人のパーティで、知り合いがやっているケータリングの料理をいただきました。ここの料理は焼き魚や野菜の煮ものやおにぎりといった家庭料理風のものです。近頃のパーティでは、西洋風のものより、日本風のものが好まれています。多分都会だからでしょう。仕事におわれている人程、日本風のパーティ料理が好きなようです。

その料理のデザートの中に、抹茶入りシフォンケーキがありました。うすくスライスしたフカフカのカステラのようなものは、見ために地味ですから、人の目を引きませんで、食べてみた友人が、おいしいというから、私達もお皿にとって食べてみたのです。甘味がなくてたしかにおいしい。

さて、それからが私は大変。おいしいもので自分でもつくれるようなものは、すぐにでもつくってみたいと思うからです。幸いつくり方はやさしいと知りました。ケータリングをしている人の弟子をしていた女性にレシピをもらうことにしました。レシピがきたのが暮れのあわただしい日でした。明けて八日、冷蔵庫に卵が一五個ありましたので、夕食後つくってみました。なかなかうまく出来上がりました。

ここ一ヶ月程の間に私は食べもの（飲みもの）を二つ知りました。二つとも知ってよかったと思います。

考えてみると、目新しいものにとびつきやすいタイプだと思います。まあそれで私の食生活もうるおってきたのですから、今のところよしとしておきます。

作りなれる

以前に雑誌の「アンアン」の中とじでお料理特集があって、食べものの店の特別においしい料理のつくり方の中に、六本木の山麓の京風家庭料理のなすの炊いたのがのっていました。つくり方といってもスプーン何杯カップ何杯という、料理書のようなのではなく、めやすとして砂糖とみりんと酒としょうゆの割合が書いてありました。

昔「アンアン」編集部が六本木にあった時、私はその建物の中に小さな部屋をもらっていたこともあり、ちょうど隣の建物の地下の店だった山麓にはよく通いました。いわしの炊いたのもおいしかったのですが、なすの炊いたのも必ずたのむ料理でした。今でもたまーに食べにいきます。

さて、「アンアン」の中とじを見ながら、山麓風なすの炊いたのをうちでつくってみました。うまーく出来ました。今までつくっていたなすの炊いたのよりおいしく出来たので(何故《なぜ》でしょうか。ほとんど同じつくり方でした)、それからは何度も何度も山麓風でつくりました。

ある日、ある人があのつくり方のなすの炊いたのはまずいというのです。え？ 何故と聞きましたら、あれのようにつくってもおいしくいかないというのです。そこで私は私のつくり方、油でなすをいためるコツを教えました。そしてとにかくとろとろと煮ることも話しました。そしたらうまく出来たんだそうです。

例えばなすにも火の通りにくい部分と火の通りやすい部分があります。それを知っていることは大事です。それから煮ものは強火で煮ないことです。あっという間に汁気がなくなってしまいますので、材料が煮えきらないし、味もしみこまないのですね。

そういうことだけでも知ってしまうと、お料理って案外上手にいくんです。

レンコンや人参やごぼうやたけのこやコンニャクや鶏を煮る筑前煮《ちくぜんに》は、食べる直前につくってもおいしくありません。

どうしてもおいしく出来ないという人がいて、聞いてみるとつくってすぐに食べていたのでした。味がしみにくい野菜の煮ものは、朝つくっておいて、夜まで待つのがよいようです。時間がおいしくしてくれるのです。

お料理が上手になるには、つくりなれることです。つくり続けているとコツとかカンとかがわかってくるのです。

スプーン何杯カップ何杯のレシピには書いてないこと、それはつくる方がさがしてみつけていくことなのです。

それからお料理上手な人でもつくることから離れていると、カンがにぶるのでしょうか、うまく出来なくなるようです。あれー？　ということがあるようなのです。その点つくり続けていると新しい料理に挑戦しても、なんとかおいしくつくれて、やだあ、私ってもしかしたら料理の天才かもと思うこともあるのです。またつくりなれている料理は焦がしてしまうということもあり、料理はなかなか奥が深いのです。

やれやれ

食にまつわる本を出すといった時、夫がやめてくれといったことは後で書きますが、私程度のしろうとが本を出すのは、オーバーにいえば前代未聞であろうと思うのです。「クロワッサン」をはじめ数々の女性誌がとりあげているしろうと料理は、しろうとといっても、くろうとはだしの腕前の方達の料理です。

ある晩、その日の私の家の夕食は、「ミセス」の本の料理頁《ページ》にのっていたチキンカルカッタ風と、野菜スープと、ブロッコリーとトマトのサラダと、パンとチーズでした。

まずチキンカルカッタ風は、つくり方がやさしそうだったのと、素材が鶏の胸肉で、腿《もも》肉《にく》の料理にはなれているけど、胸肉はいまひとつなじめなかったこともあって、作ってみたかったのでした。野菜スープは、冷蔵庫の中にキャベツの残りがあったので、玉ねぎ、じゃがいも、人参とセロリのくずをまぜてスープストックで煮ました。これはいつものように残りものの利用です。サラダも冷蔵庫の中にあるものでつくりました。ブロッコリーは前日多層構造の鍋《なべ》でクイック・ステア・フライの実験をした残りものです。丸元淑生さんの『丸元淑生のクック・ブック』(文藝春秋)を読んでみて、手持ちの多層構造なべの活用を基本から始めてみる気になったので、ブロッコリーを実験台にしました。実際にはコリコリが少々口に馴《な》れていませんでしたので、家族が手を出しませんでした。そこで次の日のサラダに変身したのでした。

パンとチーズを加えたのは、チーズ屋で三日前に買ったブルーチーズ二種類とカマンベール半分、ちょっとウォッシュタイプ風のクリーミーなチーズ半分を、食べてしまわなければならなかったし、カルカッタ風の鶏料理にはバターライスと出ていたけれど、ご飯を炊くのがおっくうだったので、冷凍庫の中のパンを解凍したのでした。

テーブルに並べて不安だったことは、カレー風味のカルカッタ風鶏料理とチーズが合わないのではないかということでした。チーズのデリケートな味がカレー風味で消されてしまうからです。

まあうちの家族はデリケートさに頓着《とんちやく》のない方だから、いいかと思いました。結局そのことは何の問題にもなりませんでしたが。

息子は出かけたままで夕食を食べるのかどうか連絡がありません。夫と二人で食事を始めました。鶏を食べて、これはおいしいよ、といいました。味が濃いのできっと好みだったのでしょう。途中で息子が帰ってきました。食卓につきました。これおいしいよ、と夫が息子にすすめました。息子は食べてみて、ニッと笑いました。台所のガス台の上にのっているスープのかげんを見に行きましたら、夫が息子にこそこそ話しています。そして二人で笑っています。まあいつものことなのです。私の料理は息子に評判が悪いのです。いつもまずいまずいといいます。まずいと息子がいうたびに夫はニヤッと笑って、息子に目であいづちをうちます。

この日は私が疲れていて、夫と息子の態度が気になりました。多分食べものまわりの本のための原稿を書いている毎日だったから、身近な者達の態度に不安になったせいもあったと思います。

どうして子供がまずいというとすぐそういうふうに子供の意見にへつらうの？　と夫にいいました。すると夫は、いやそんなことないよ。おいしいよ。ほら私がこういうと私の方にへつらう。こうもりみたいだね、鳥とけものの戦争で優勢の側にいったりきたりしたこうもりみたい。

私は子供の舌や味覚を無視してきていました。ジャンクフードが大好きで、コーラが大好きで、テイクアウト専門の安い弁当も好きな、今のうちの子供の批判は、問題にしてもしょうがないと思ってきました。

けれど毎日毎日一緒に食べている夫まで、私の料理がまずいのなら、なんでこんなに大変な思いをして、夕食づくりをしているんだろうと思ったのでした。いささか哀しくなりました。それから毎日毎日食べている夫がまずいと思うんなら、食べものまわりの本を出すこと自体がやっぱり間違っているんだと思ったので、ダーンとおちこんでしまったのでした。

買い集めていた食に関する本を、開くのも嫌になって、考えこんでしまいました。

次の日の夕食は、かきフライ、きゅうりとかいわれ大根レタスおじゃこのサラダ、さやえんどうの卵とじ、つけもの、味噌汁《みそしる》、ご飯。本当は大根と鶏ひき肉だんごの煮たのもつくる予定でしたが、やめました。

揚げたてのかきフライは中濃ソースをつけて食べると、おいしいのです。揚げ方もむつかしくありませんから、誰がつくっても失敗はありません。おいしいねという夫の顔を見ながら、夫の好物のあさりのスパゲティ、カレーライス、あじの開き、うなぎ、かつおのさしみ、ランプステーキ、ギョーザを思い浮かべました。これでメニューをつくるとすると、サラダを足したりおひたしを足したりすればいいわけです。いろんなものごちゃごちゃ気をつかってつくることはない、と思いました。それにかきフライと同じように、どれも味がシンプルです。満足するんじゃないかと思いました。

ほとんどの日本の男達の味覚は、私の夫と同じで、家庭の主婦が頑張って料理書くびっぴきで新しい料理に挑戦しても、さきにあげた、夫の好物類のようなものよりは、評判がよろしくないのかも知れないと思ったのでした。

女性誌が特集している料理頁を喜んでいる女性達は、いったい何なんだろうと思うのです。

そう思いながらも、CBSソニー出版から出ている『ハム・ソーセージの本』の中に紹介されていたアップルパンケーキを、つくってみました。レシピどおり下ごしらえをして、耐熱ガラスの皿に入れたものを、二二〇度のオーブンで二分焼く、裏がえして三分焼くとあるのに首をかしげながら、オーブンに入れ、じっと中の様子をうかがっていました。二分で裏がえせるわけがありません。どろどろのままです。二〇分の間違いね、と思ってタイマーをまわす。二〇分も二二〇度ではこげめがつきすぎてこわいので、途中で温度をおとす。二〇分たってのぞいてみるとふんわりこんがりいい色になっている。これを裏がえすって、どうするのかしら。そこで裏がえしはやめて、後五分焼くことにしました。アッアツを紅茶で食べるとおいしいと出ていましたから、切ってシナモンとシュガーをふりかけて食べてみました。なんだか中の方はべったりしていて、焼きが足りないみたい。味も今ひとつです。パンケーキなのだから、メイプルシロップをかけた方がおいしいかも知れません。メイプルシロップをかけて食べてみました。まあまあです。夫は後で食べるといっていましたが、一口ぐらい食べてすてたようでした。

この料理書に限りませんが、レシピがいいかげんなものも多いのです。

さて残りのアップルパンケーキ、どうしたと思います？　翌朝、フライパンに入れて弱火にしてふたをして、底の部分を焼いてついでに全体をあたためて、パンのかわりにしました。パンケーキですから、朝食にぴったりです。メイプルシロップでいただきました。夫はあんまり甘くないから朝食にいいね、とかなんとかいっていました。彼にはトーストパンにマーマレードジャムが一番の朝食だとわかっています。やれやれ。

さあて、夕食の為《ため》の一品の朝づくり、丸元淑生さんの『クック・ブック』の中の二五七頁のポテトサラダ、前につくってみて私が好きだったから、もう一回つくることにしました。「食事のときまで冷蔵庫に仕舞っておき、——」とあるわけですから、つくりおきしておいていいものです。このサラダには塩もこしょうも書いてありません。味なしの酢油では、いくらうす味好きの私でもいただけません。間違いかも知れないけど塩こしょう入りにして、つくりおいてきました。

食事づくりはつくる方が楽しまなきゃ、そう思って仕事場にやってきましたら、ある出版社の編集の方から手紙がきていて、先日話したパン屋さんのパンフレット送りますという手紙つきで、自然酵母フランス田舎《いなか》パンのルヴァンの地図つきのパンフレットがとどきました。うん、是非近々行ってみよう、元気がもりもり湧《わ》いてきました。

その後知ったことだけど、丸元さんのポテトサラダは酢油だけでいいのです。そうして食べるとポテトの本当の味がわかるのです。もちろん好みで塩こしょうしてもかまわないとは思いますが——。

失敗失敗

長年台所でしかも毎日奮闘しているのに、なんだかんだと失敗が多い。

先日もシフォンケーキをつくっていて、いつもは抹茶入りで、これは評判がよかったけどいささかあきたので、それにバナナ入りは評判がよくなかったこともあって、じゃココア入りにしようと思い、まず材料を量ってふるって用意しました。

たまたま夕食の後で、台所には洗ってない皿がとっちらかっていて、オーブンのとなり六〇センチ程の調理台の上で、始めたのが失敗の原因だったのかも知れません。

初めてつくるココア味。ココアの粉末を量りました。三〇グラムです。ところがこれがずいぶんかさがあるのです。ココアの粉末はこまかいので軽いのでしょうか。で、えーっ、こんなに入れてよいのかなあと心配になりました。なにしろ抹茶の味は小さじ二杯でしたから。でもま、レシピどおり。でもこの心配がずっと気持の中に残っていたのが原因だったのかも知れません。

ココアを湯でといておきます。それから卵の黄身と砂糖を入れて白くなるまで攪拌《かくはん》します。次に卵の白身をメレンゲ状になるまであわだてます。この時にグラニュー糖を二回に分けて入れるのですが、すっかり忘れてしまいました。で、メレンゲ状になったので、電動あわだて器をおきました。

さきの卵の黄身のボールに心配な量のココアを入れました。ふと調理台をみるとグラニュー糖が残っています。ワーッまずい。あわてて白身にグラニュー糖を入れて、またあわだてました。なんかちょっともったりしているようでした。

やだなあ。気持はもったりしているようなメレンゲ状の白身にひっかかっています。

次は黄身のボールにそのメレンゲ状の白身を⅓入れます。かきまぜます。それからベーキングパウダーを入れてふるってある粉を、二回に分けて入れます。あまりかきまわさないように。さあそこで残りのメレンゲ状の白身とまぜ合わせます。ふと気がつくと、ココアを入れる時にまぜないといけないサラダオイルが残っているじゃありませんか。まずい。しかたがないので、粉を入れてかきまぜたボールの中にサラダオイルを入れました。もう一度かきまぜなくてはなりません。レシピには、あまりこねこねしないこととありました。でもしかたがないじゃありませんか。なんかうんざりとかなしいのがごちゃまぜになった気持になって、メレンゲを入れまして、さっとまぜてやき型に入れました。種がぼってりとしずんでしまっています。まあいいや。一八〇度になっているオーブンにそれを入れて、タイマーを四〇分にして、夕食の後片づけを始めました。オーブンの中をガラスごしにのぞいて、案の定ふくらまりが足りないのをため息まじりでたしかめ、すっかり気をしずませてしまいました。焼き上がってさかさにして、もう放っておきました。朝、型からはずして切り分けてちょっと味見をしました。さっぱりしたココアケーキです。うん、これにホイップクリームをかければ、なんとかおいしいかナ。でも決してあのふわふわのシフォンケーキではありませんでした。

料理はカンと、馴れよ、なーんていえないなあ。

実際にこの手の失敗は実をいうとしょっ中なのです。その日の体調（精神的な）によるみたいです。失敗する日は次から次へと失敗が重なりますもの。

その日の夕食も、何故か、うまくいかなくて、いつものように、お母さんの料理はまずいと子供にいわれました。そういわれると、今日はおいしくないなあと私は思ってしまうのです。

次の日に冷蔵庫を開けましたら、前日の夕食に出すつもりの料理が一品出てきました。

だからね、そういう日があるということです。機械でさえ調子の悪い日があるのですから。人間だからありますよ。
といって、料理べたをごまかしてしまうつもりはありませんけど。

シフォンケーキ
がプクンとふくれ
ると、うれしい

リンゴケーキを作る

カルバドス⅓カップって書いてあったから、りんごのさいのめに切ったのをバターできつね色になるまでいためて、カルバドスを入れました。カルバドスにマッチで火をつけて、りんごをこがすって書いてあったから、よくよくいためたりんごの上から、アルコール四二度のカルバドスを、ザバッと入れてからまずフライパンをザッザッと動かしたのでした。まさかフライパンの中がものすごい火事になるなんて、考えてもみなかった。フライパンは十二分に熱かったので、ちょっとかたむけただけで、ガスの火がフライパンのカルバドスに瞬間のうちに移ったのでした。どっちみちマッチでカルバドスに火をつけるつもりでしたけれど。どっちみちフライパンの中は大火事になってしまってはいたんですけど。

あわてました。火事だ！　火事だ！　あわてて流しに火のついたフライパンを移動して、ぬれ台ぶきんをバサッとフライパンに入れました。この処置は以前にＴＶで天ぷらを揚げていて火がなべに移った時の火消しの方法の場面を見ていたから出来たのです。

しばらくボー然とながしの前に立っていました。が、この私です、すぐに立ち直って、そうか、こういう時は、フライパンのフタを片手に持って、いつでも消せる態勢で火をつけるべきだったと思ったのでした。それと、いくらなんでもレシピにある⅓カップの量は多すぎる、と思ったのでした。アルコール四二度のお酒です。⅓カップのお酒がフライパンの中で燃えるのです。火柱がたってあたりまえ。少しだけふり入れて火をつけて、消してから残りを入れて、りんごに風味をつけるのが正しいのじゃないのかなあ、と考えたのです。近頃の豪華グラビア誌の料理本は、つくり方がはぶいてありすぎなのです。小さな台所だったら、物がたくさん置いてある台所だったら、本当の火事になっちゃう。と、アルコールをふって火をつけてアルコールをとばすというたぐいの料理なんかつくったことがない私は、思うのです。

それでもめげずに、そのりんごでケーキを焼きました。そしたらケーキのレシピにもひとつ難のおまけがついていて、書いてある材料どおりそろえて並べて、レシピどおりにつくっていったのでしたが、⅓カップの生クリームが残ったのです。間違えたか、と思って、何度もレシピを読みかえしたのですが、どこにも生クリームを入れると書いてない。で、生クリームを残したまま、ケーキを焼くことにしました。オーブンは二〇〇度で、一時間焼く。えーっ一時間？　大丈夫かなあ。二〇〇度になっているオーブンにケーキの種を入れましたら、みるみる間に色がつき始めて、不安になったので、温度を下げて、それでもがまん出来ずに三五分で出しました。ケーキというよりソフトなクッキー（生クリームを入れなかったせいでしょうか）のようなものが出来上がりました。二〇〇度で一時間焼いていたら、どんなクッキーになっていたんだろう。

出来上がったケーキ、早速味見です。あっまぁーい！　レシピより一〇グラムぐらい砂糖を少なくしたのに、あっまぁーい！

私はそこでめげません。さあて、少し補正しながら、もう一回チャレンジ。

カルバドスは少なめにして、それから火はふたで消して、砂糖はもう一〇グラム少なくして、メレンゲの⅓ぐらいを粉の入ったボールに移して、生クリームもそのボールに入れてまぜて、⅔のメレンゲといっしょにして、一八〇度のオーブンに入れました。やっぱり三五分でタイマーをセットしました。

出来上がったケーキは、甘くなくておいしくない。砂糖は少なければさっぱりしておいしいかというと、そんなことないんだ。これはレシピが正しい。お菓子は甘いものなのです。

七時間後の夕食後、二つのケーキを食べ比べてみました。甘くない方もさめると甘くなっていて、私はその方が好きだったけれど、夫はクッキーのようなかたさの、甘い方がおいしいという意見でした。

さてカルバドスの火事のおまけの話です。ガス台の上の換気のファンについている不織布のようなフィルターが、黒くこげこげになったまわりを残して、ぽっかり四角くなくなっていたのでした。通気のスペース分だけ四角く燃えてしまっていたのでした。

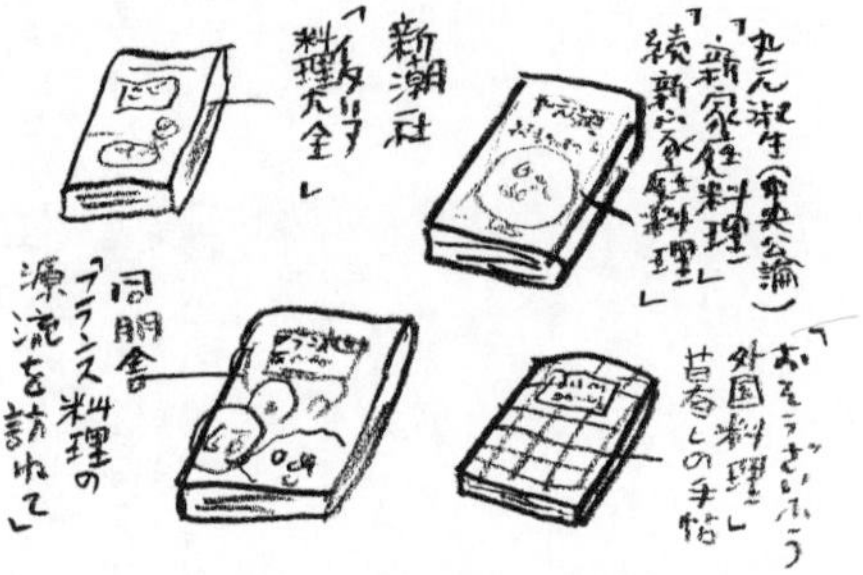

料理の本の頁をめくっていて、これが食べたい！と思って、作ることが多いので、私はオリジナルの料理はおまません。
料理の本は、見ていてもすごーく楽しいと思いませんか。暇つぶしに料理の本を開くこともあります。

3 おいしく食べるために

食べることが好き

朝、昼、晩、毎日三食作って食べます。朝はパン食、昼は焼き魚が中心の弁当、晩はその日によって中華風だったりイタリア風だったり和食だったりです。外食はほとんどしませんから、うちの台所はフル回転です。そして朝と晩は、夫婦さし向いで食べます。

何か特別なことがない限り、夫も私も夜八時には家に帰っています。これが私の家のきまりです。夕食をつくる役目の私は八時すぎの夕食の為《ため》に、遅くとも七時には家に帰ります。夕食づくりは最低一時間はかかります。

①お米を洗う↓電気炊飯器にセットする（一五分おく）↓スイッチを入れる。②ほうれん草を洗う↓なべに水を入れて沸騰させ塩を入れてほうれん草をゆでる↓ボールの水にとる↓根でそろえてまな板の上にのばして切る↓しぼってボールに入れしょうゆをふりかけてまたしぼる↓いりゴマをすって砂糖ひとつまみとしょうゆを入れてあえごまをつくる↓さきほどのほうれん草を入れてまぜる。③小さななべに水を入れて煮干しを入れて火にかける↓沸騰してしばらく煮てだしをとる↓みそをとかす↓豆腐をさいの目に切って入れる

↓万能ネギをきざむ。④電気魚焼き器にさわらの粕《かす》づけを並べて焼く。⑤白菜のつけものを切って器に入れる。⑥朝煮ておいた大根と牛肉煮を器に盛る。⑦テーブルをふく。⑧ランチョンマットを二枚しく。⑨茶わんとわんととり皿とはしを並べる。⑩料理をテーブルの上に並べる。

このようなメニューのご飯（食事）でも四〇分から五〇分はかかるのです。朝一品作っておいてさえ、また下ごしらえのいらない料理でさえこんな具合ですから、夫より最低一時間は早くに帰宅していないと夕食がはじまらないのです。

シャワーをあびると夫は、ビールを飲みます。時々ちょっともらいますが、私は晩酌はしません。夕食をとりながら、一日の出来事をしゃべります。ＴＶはダイニングルームには置いていませんから、夕食だけではなく朝食の時もＴＶは見ません。

いっしょにご飯をいただく。ご飯をいただく時、人は気持がなごんでいます。いっしょにいただく相手となごんだ会話がかわせます。

仕事がらみの食事は、なごむ気持を利用して仕事を円滑にすすめるためです。お見合いはほとんどが食べるものを前にしてだと思いますが、いっしょに食事をするということで、知り合いの度合いを深めることを私達は知っているからです。ま、女性の方はそういう場合あまりめしあがらないのがよろしいそうですが。

ひとつ釜《かま》の飯を食うという言葉がありますが、それはごく親しくなるという意味のようです。

いっしょに向かいあって食事をするということ、親しい者だからこそ大切にしなければならないと思います。夫婦は血のつながりがありません。夫婦として気持の交流を持ち続ける為に、食事は出来るだけいっしょにいただくことが大事と思います。

夫婦に限らず大切、大好きと思う相手とは出来るだけいっしょに食事をした方がよいのです。

毎日のご飯だから

さて、と。冷蔵庫とかんづめのストック入れをのぞいて、今晩は何にするか。冷凍庫のフランクフルトソーセージとびんづめのザワークラウトでメインディッシュ。冷凍庫の中のパンも出す。じゃがいもと残り野菜のスープ。野菜サラダは冷蔵庫の中に入っていたいんげんときゅうりとレタス。

その日息子が外で食事をしてきたのでソーセージが残りました。

次の日は鶏のトマト煮です。水炊きの残りの鶏でぶつぎりのです。残りものですから三人分はありません。そこできのうの残りのソーセージも参加させることにしました。スパゲティはいつものガーリック味のシンプルなの。サラダはいかとたこの入ったもの。

次の日は思いっきり和風ときめて、さばの味噌煮《みそに》、しらたきと揚げボールの炊いたの、しらす干しの大根おろしあえ、ほうれん草のごまあえ、さやえんどうと卵の汁。

そして今日はブロックのハムの残りと白菜の残りと干ししいたけで中華風一品、鶏の手羽先をねぎと調味料で一晩つけこんだのを揚げたのと、残りもののご飯をほうれん草と卵でチャーハンにしたのと、蒸し鶏の残りときゅうりのスープと、大根のしょうゆづけ。

こんなふうに、残りものを私なりに利用して夕食のこんだてをつくります。このように書き出すと、うちの夕飯は実に質素でしょう。サーロインステーキやたいのさしみのような値段の高いものはほとんど出てきません。でもそういうのもたまーにはいただきます。うちは脂身が嫌いですからステーキはランプです。ランプでも松阪牛しかいただきません。なにしろたまーですから。さしみもたいだけということはありませんで、まぐろの中とろなんか好きですから、三人分のさしみとなると、六千円以上はすることになり、これもたまーにしかいただきません。

スーパーマーケットは青山の紀ノ国屋か成城石井に行きます。高級スーパーマーケットで買うからステーキもさしみもたまーにしか食べられない。ステーキだってさしみだって手頃な値段のがあるのだからそれを食べればいいという考えもあるでしょうが、ステーキもさしみも値段の高いものはやっぱり味がよい。食べるんだったら味のよいものがよい、と私は思いこんでおり、味のよくないものなら食べない方がよいと考えています。

一匹百円のいわしは大好き。つみれにしたり、開いてほうれん草をつめてソテーにしたり、チーズと卵のころもをつけて揚げたり、しょうがで煮たり、塩焼きにしてたっぷり大根おろしをそえたり。あぶらげ（おあげ）も好き。炊きこみご飯に入れたり、野菜と炊いたり、みそ汁に入れたり、焼いて切っておじゃこと大根おろしあえにしたり、細く切ってうどんに入れたり。極上牛肉の切りおとしも好き。糸こんにゃくやたまねぎやしいたけといっしょに煮て卵でとじたり、ねぎと牛丼《ぎゅうどん》にしたり、じゃがいもと煮たり、大根と煮たり。

私には値段の安いものが合っていると思います。それなりに新鮮で良質のものじゃないと好きではありませんが。くどいようですが、一〇〇グラム五百円の切りおとしは買うけど、一〇〇グラム五百円のステーキは絶対に買わないもの。

というようなわけで、高級スーパーマーケットで私がひっぱっているカート（買物のための手押し車）の中には、鶏肉、たらの粕づけ、おじゃこ、豆腐、あぶらげ、ちくわ、牛乳、チーズ、パン、ほうれん草、いんげん、人参《にんじん》、じゃがいも、玉ねぎ、レタスなんていうようなものしか入らないことになるのです。

そんなように毎日の食事づくりをしていますと、外食では家庭で出来るような料理はいただきたくなくなるのです。例えばどんなふうなものだったらいただきたいかといいますと、おすし、天ぷら（揚げたてをひとつひとついただくカウンター式の天ぷら屋さんで）、そば、ふかひれの姿煮も食べられる中華、あつあつがどんどん出てくる台湾料理、サービスと雰囲気のしっかりしたイタリアン、味も品も上等の割烹料理《かっぽうりょうり》といったところです。

食べるということはお腹をいっぱいにすることだけではありません。おいしいものを食べると幸せです。

外食でまずいものを口にしなきゃならない時は、幸せを一回パスしたみたい、いやそれ以上に損をしたような気がするのは、多分私ばかりじゃないと思います。

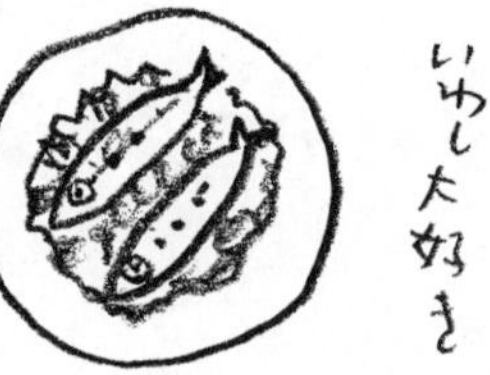

一人の食事

ある人が、カレーをつくったんだけど一人暮しだから三日も続けて食べなきゃならなかったといいました。

一人分の料理というのはむつかしい。さけを焼く、ほうれん草のおひたしをつくる、味噌汁をつくるぐらいなら、一人分も可能ですが、シチューや実だくさんスープや中華いためものや筑前煮《ちくぜんに》等は、一人分つくるのはむつかしい。そこである人じゃなくても三日間ぐらいひとつの料理を食べなきゃならないことになるわけです。

時々私も一人で食事をすることがあります。そんな時は、冷蔵庫の中のありあわせの野菜のサラダがメインディッシュになります。なすときゅうりをみつけると、なすは皮をむいてチン（電子レンジ）で蒸しなすにして、きゅうりは皮をむいて切って、ケッパーとオレガノを入れたドレッシングであえるとか、しいたけやしめじとレタスがある時は、しいたけやしめじをゆでて、ちぎったレタスといっしょにドレッシングであえるとか、きゅうりとレタスと牛のたたきの残りがあれば、全部をドレッシングでまぜるとか、じゃがいもと卵とベーコンがあれば、じゃがいもはチンして卵はゆでてベーコンはカリカリにしてマヨネーズであえるとかするのです。サラダは一人分つくれます。わざわざレタスやじゃがいもを買ってきたからといって、レタス一玉、じゃがいも一袋使わなきゃならないわけではありません。食べる分だけ洗うなり蒸すなりして、残りは冷蔵庫に入れて後日別の料理にすればよいのですから。

それでパンとチーズにワインだったり、冷やめしのいためご飯だったり、とうがらしとにんにくのスパゲティだったりですませてしまいます。要は一人分を手軽につくれる料理ですませてしまうわけです。手軽だからといって、お茶づけはしません。これは私の生活習慣にお茶づけがないからです。

私はほとんど毎日食事づくりをしていますから、冷蔵庫の中には適当に材料が入っていて、なんとか一人分つくってすませられるし、それとカレーやシチューや中華いためや筑前煮は、家族が食べる時につくって食べられるからいいのです。

一人暮しの一人の食事は、本当に限られてしまいます。多めにつくったカレーを何食分かに分けて、冷凍庫にしまっておいて、また食べたくなった時出してきてチンすればよいという人もいるでしょう。いつもきちんと計画をたてて料理をしている人ならそれはあたりまえのやり方でしょうが、外で食べることの多い人は、そんなこともめんどうでしょう。

近頃都会のデパートには一人分の惣菜《そうざい》や切った野菜がパックされて売っています。私には関係ないので関心がありませんから、のぞきもしません。内容がどんなものか知りません。だからおいしいものか便利なものかどうかも知りません。ああいう売り方は需要があるからなのですね。

さて、もし私が毎日毎日一人で食事をしなければならなくなったら、どうするか。多分料理に時間はさきませんね。手のこんだ料理はつくりません。

私の知りあいで、お料理が上手で、食べものに関する知識の豊かな人がいました。牛肉、

豚肉、鶏肉それぞれ栄養がちがうから、平均して食べること。人を招いた時はひとつはオーブン料理にすることなどをその人から教えてもらいました。その人の台所からは料理が発光して出てくるように思える程ちゃんと料理をしていた人でした。ところがご主人が仕事でいないことが多くなり、当然一人で食事をすることになりました。それからは料理をすることに関心がなくなってしまったと聞いています。でも食べてくれる人がいなくなったら、誰でも料理に関心がなくなるのはあたりまえと思います。

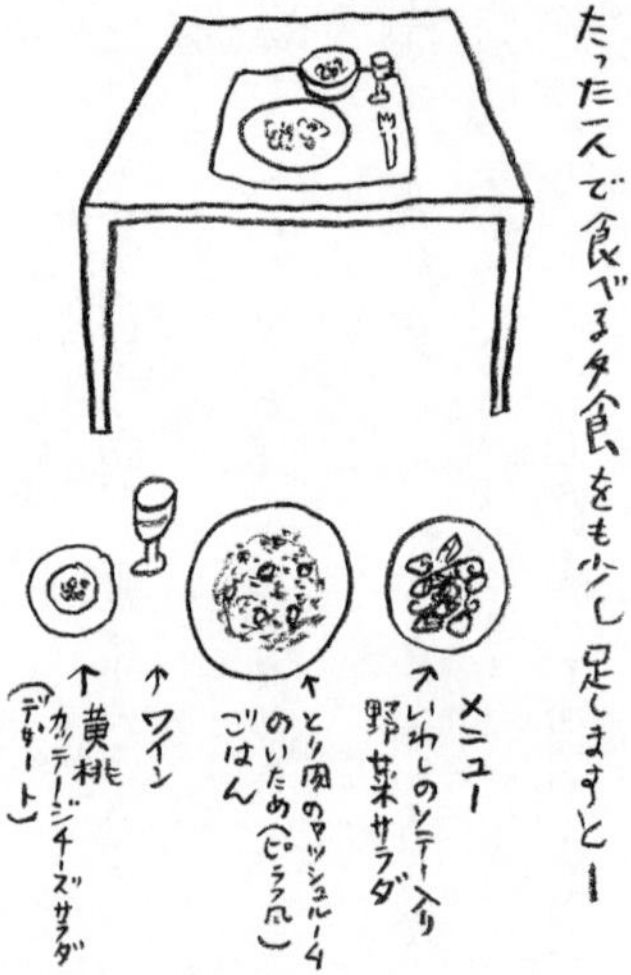

食べることが好きのつづき――いっしょに食べる

食べものまわりの本を出してもらえるので少し勉強しなきゃと、好きで買いためた食にまつわる本（後でいろいろ紹介します）をひきずり出していたら、「えーっお前そんなの恥ずかしいよ。オレがおしゃれの本出すぐらい恥ずかしいよ」と夫がいうのです。「違うって、お料理の本じゃないのよ。大丈夫、大丈夫」と私。それでもとまどったような顔をしている夫に「ねえー、私のようによく知らないから、お料理や食に関することが面白いのよ。その次元で見つけるものって、ワクワクすることが多いし、それは読んでくださる方に伝わるんだと思うの。だからねえ、心配しないで」といいながら正直なところ、夫の正しい言葉に私は心細くなっていたのでした。

数日後、靴のデザイナーの高田喜佐さんと、青山のイタリアンレストランのサバティーニで昼食をしました。その時、私の食べものまわりの本の話になりました。喜佐さんにも夫と同じ感じを持たれやしないかと少し弁解がましく「でもね、レシピつきっていう本じゃないのよ。例えばね、仕事の人と食事をするって大切じゃない。食事をいっしょにすると親しみが湧《わ》くものね。喜佐さんが喜佐さんのところで働いている人と食事をよくするでしょ。偉いと思うもの。そうしないとうまくいかないのよね。うちだって夫と長年いられるのは、いっしょの食事を大切にしているからだと思うわ、そんなことを書いた本なのよ」といいましたら、「私は働いてくれる人をさがす時、必ずその人と食事をすることにしているの。相手は緊張してかわいそうだけれど、そうすると少しわかるのよ。働いてくれる人をさがす時には、いっしょにご飯を食べた方がいいわよ」と喜佐さんの意見がかえってきました。やっぱり喜佐さんも食事と人の関係を大切にしていたんだと思いました。そして私が考えている食べものまわりの本に少し自信が持てたのでした。

以前に何かの本に書いたのですが、ドイツ人の留学生でハンネという大人の女性の知人がいました。彼女がある時、夫婦はセックスをしないといけないといいました。ェッと私は驚きました。そういうプライベートなことは口に出すことじゃないと思ってきましたから。ハンネのいうには、夫婦が仲良くやっていくには、セックスが大事だというのです。このはっきりした考えは欧米の考え方と思います。でももっともなことです。

その後ハンネのこの考えが私の頭の中のどこかに残っていました。ある時夫婦が仲良くやっていくには、もひとつ大事なことがあると思ったのです。いっしょに食事をするということです。バイクで運んでくれるピッツァでも、デパートで売っている出来合いの惣菜でも、屋台のラーメンでもいいのです。もちろん高級レストランでも高級割烹でもいいし、手づくりの家庭料理でもいいのです。顔を合わせて、同じようなものをいただく。食べものは生きていく力になるものです。同じようなものをいただいたという、ベーシックな共通点は、ベーシックな結びつきのひとつになります。食事をしながら話をすることで理解を深めるという附録もつきますが、それよりなにより、同じ時間に同じテーブルで同じ食べものをつっつくと、親しみが深くなるのです。夫婦は出来るだけいっしょに食事をすることです。それが一番大事と、くどいようですが私は思います。

花よりだんご

久しぶりにNさんから電話です。元気？　というあいさつを交わし合いながら、電話をもらった私は、さて、どんな用事かナ、と頭の中で考えています。Nさんにしてはめずらしいことにお花見の話でした。もう一人の友人と夜桜を見に来るというのです。

そこで二人が昨年も花見をした私の家の近くの公園に来ることになりました。お弁当は私がつくっておくことになりました。

電話を切って、そばにあった紙きれに、早速メニューをつくってみます。おにぎり、アスパラガスのごまあえ、粕づけの魚の焼いたの、たけのこの炊いたの、とりの揚げもの、かぼちゃの炊いたの。夜の公園の電灯の下じゃ弁当の色合いは関係ないけど、厚焼き卵もつくっておこうか、と考えます。

公園での食事は、おにぎりが一番です。サンドイッチよりずっとおにぎりがおいしいのです。何故《なぜ》でしょうか。気取ってフランスパンにチーズにワインを広げても、よその人がおにぎりをほおばっているのを見ると、そっちの方がうらやましくなるのです。

それでも残りものを持って公園に行くことになると、パンとチーズとワインとハムなんてことにもなります。わざわざおにぎり用にご飯を炊くのがめんどうだからです。冷蔵庫や冷凍庫の中のものを集めると、洋風になってしまうのです。チーズは冷蔵庫、ハムとパンは冷凍庫、ワインは地下の倉庫から出します。

時々保温スイッチの入った電気炊飯器の残りもののご飯で出来るだけ大きな、ペチャマルクン（と私が名づけた丸型のおにぎり）を、夫と私に一個ずつ作って、パンにチーズをはさんだもの、クッキーの残りもの、ほうじ茶を持っていくこともあります。

ペチャマルクンというおにぎりですが、いつだったか、まだ仕事場が代官山にあった時分、アルバイトをたのんだ女性に、昼食のためのおにぎりを買ってきてもらいました。あれは渋谷にぬける猿楽町《さるがくちよう》の郵便局のとなりにあったおにぎり屋さんで買ってきてもらったんだったと思います。

いろんな種類のおにぎりの中にペチャッとした丸いのがあって、とても面白い形だと思い、私は三色味にアレンジしてつくりました。三色味というのは、ペチャとした形の中の三ヶ所に別々の具をはさみます。例えば梅干しとさけとザーサイという具合です。まわりはのりで包みこみます。その上をラップで包んでしまうと、のりはしっかりペチャマルクンの形にへばりつきます。大きなペチャマルクンをほおばる時、梅干しが先に口に入るかさけかザーサイか、それがまた楽しみでもあるのです。

どこかで見かけたり食べてみたりしたものを、自分でアレンジして自分とこ流にして楽しむのは楽しいのです。うちのバラずしというのもそうです。すし屋ではすし飯の上にくずのような魚や具をのせた一種のちらしずしです。うちでは上等の具をあられに切ってのせて食べます。すし屋で食べるバラずしより、ぐーんとおいしいのです。

さてお花見の方に話をもどしましょう。お花見にはおにぎりとつけものとほうじ茶だけでは物足りません。花見は、花よりだんごということわざのようにというつもりはありませんが、食べものが花見をうれしくしてくれるのです。祝いという席にはご馳走《ちそう》がつきものです。祝いを盛り上げるために食べものが必要なのだと思います。花見は祝い事ではありませんが、普通の散歩より行事に近いのです。運動会とかのように。

花の下では重箱が似合います。重箱の中につめたおにぎりや卵焼きや焼き魚が、花見の気分を高めます。

さて、だから私は花見の弁当のための買出しメモをします。

たけのこ　木の芽　アスパラガス　鶏手羽先　魚　かぼちゃ　卵

楽しい人といっしょに食べたい

ハープ奏者の長沢真澄さんの現代音楽のハープ演奏を夫と上野の東京文化会館小ホールに聞きにいきました。

長沢真澄さんはオランダに住んでいて、ヨーロッパで活動しています。私達の友人のフィルムディレクターの亀井さんと知り合いだったので、私達も知人になり、去年も演奏会に行きました。

その日は亀井ご夫妻とスタイリストの北村道子さんもいっしょの予定でしたが、北村さんは忙しかったのでしょう、会場には現われませんでした。

久しぶりに亀井ご夫妻と北村さんと私達で演奏を聞いた後で食事が楽しめると思っていましたが、残念。北村さんのヤッホーという明るい声と笑顔を期待して、会場を見まわしました。残念残念。

いっしょに食事をして気持のよくなる人と、そうじゃない人がいます。北村さんは元気だしパクパクとおいしく食べるし、いっしょの食事が楽しい人です。もちろん亀井ご夫妻もそうです。奥さんの洋子さんも食べることが大好きですし、おいしそうに食べる人ですから、いっしょに食べると楽しくなる気持のよい人です。

その夜は遅かったせいで、亀井さんの案内してくれた中華料理店が全部終わってしまっていました。そのおかげで西新橋の二つの中華料理店を教わりました。今度ぜひ行ってみようと思っています。しかたがないので六本木のインド料理店に行くことになりましたが、行ってみたらそこも終わりで、東京はレストランの閉店時間が早すぎると腹を立てました。

私の案で「ブルータス」の本に載っていた夜中もやっている中華料理店に行ってみることになりました。実は私は一度も行ったことがありませんでしたから、味の具合は「ブルータス」を信じることにしました。

豆腐と香菜《シャンツアイ》の前菜、貝柱と卵の料理、青菜とゆば、牛肉の料理をおこのみ焼きのようなものにのせて食べる料理、ふかひれ入りの煮こみそば、蒸しギョーザ、店の人のおすすめでかにと野菜のホワイトソースがけ、デザートに杏仁豆腐《あんにんどうふ》とあずきのココナツミルクを食べました。

お味はまずくはありませんでしたが、レストランをさがしまわった後でしたので、少ししか盛りつけてない料理に、なかなかお腹が満足しませんで、途中でもっと料理をたのみたくなり、店の人のすすめに従って、かにと野菜のホワイトソースがけも食べたというようなわけでした。お腹いっぱい。実は二、三日前からお腹の調子を悪くしていましたので少々不安な外食だったのです。

五日前にちょっとした集まりがあって、横浜の中華街で食事をしました。大きな店で、案内されたのが、日本間の個室でした。一五人は楽にかこめる丸いテーブルのまわりに、八人が座りました。前もって予約してあったのでコース料理が次から次へと出てきました。前菜、スープ、肉料理、えび料理、魚料理、野菜料理、ご飯、菓子、果物。ひとつの料理が八人分ですから、たくさんなこと。もったいないから必死で食べる食べる。それにしても料理の味のレベルの低いこと。

聞くところによると、中華街が観光化したため、需要に中華料理店が焦点を合わせるようになり、中華街の料理の味に個性がなくなったとか。その店でも、大衆的で平凡な味でした。

異国料理を味わうためにわざわざ横浜の中華街まで行くことはないと思いました。

外で食事をする時、期待感があります。もちろん仕事とか、義理とかの集まりには、そういうこともあまりありませんが。今回はちょっと義理っぽい集まりでもあったし、すでに中華街の味のことも知っていましたから、そう期待はありませんでした。

その日から三日間、義理がらみの食事が続きました。自分でアレンジしたレストランでは、招待した人が満足してくれるかどうかで気をもむし、別のところでは私の皿の上の食べもので嫌みをいわれたりして、フラストレーションがたまってしまいました。

楽しいはずの飲み（お茶）食いも、よけいなことに気をつかうと、フラストレーションになるのです。私は今まで、仕事やなんやかんやで生じたフラストレーションを、食べるということでいやしてきましたが、食べることでもフラストレーションになることを知ったのです。次の朝早く、お腹が痛くて起きてしまいました。お手洗いに行きたくて目が覚めるということは、今までありませんでした。

その日、四回も腹痛でお手洗いに通わなくてはなりませんでした。

次の日の朝も六時前にお腹が痛くて起きました。昼すぎもそうでした。その夜が最初の話の、ハープを聞いて、亀井ご夫妻との食事でした。けれどお腹は痛くなりませんでした。

食事をする相手が楽しい人だと、元気なのです。現金なのです。

義理やつきあいで飲み食いしなければならない男の人達、内臓の病気に気をつけられた方がよいなあと思ったのでした。

おいしく食べる

スタイリストの北村道子さんがご飯を食べにくる時、私の家はたいがい、和食です。焼き魚、大根の煮たの、おひたし、手羽先の揚げたのといったような、ごくごく普通の夕食メニューです。それというのも北村さんは海外ロケの仕事が多いので、多分普通がよくはなかろうかと、私が勝手にきめているからです。

北村さんはパッパパッと食べます。セッセッと食べます。それにたくさん食べます。気持がいい。

作った私は、作りがいがあったと思うのです。いっしょに食べていると、つられて私もパクパク食べてしまうのです。それでおいしい幸せな気持になります。

おいしそうに食べる人とはまた次回もいっしょに食べたくなるのです。

私はあまりお酒を飲みません。お酒を飲まない者は、食べることに専念します。お酒を飲む人はお酒を飲むことを楽しむわけですから、ゆっくり食べます。当然食べる専門とタイミングが合いません。食べ終わって満腹感にひたっている私の前で、さめた料理をつっついているお酒好きな人に、とまどってしまいます。相手だってきっとそうでしょう。しっかり終わってしまった人の前で、食べ続けるというのはしらけると思いますもの。だから、お酒を飲む人には、酒のさかなだけ出しておいて、先に飲むことを始めてもらえばいいわけです。ただお酒はほとんど食事中も続けて飲む人が多いので、やっぱり食べる人と飲む人のタイミングは合いません。

近頃私は、お酒を飲む人のほとんどがかなりマイペースであることを知りました。人のことはあまり気にしない人が多いようなのです。だからこちらもあまり気にしないことにしました。

ニューヨークにいた二五歳頃、知人の家や知人の知人の家におよばれすることがありました。テーブルにアメリカ人がまざると、あっちでもこっちでも、デリィシャス！　がとびかうんです。そしてこのパイはどういう風につくったのか、と聞いたりもするのです。とてもすばらしい、というような会話が食事に活気をつけるのです。

そんなことに馴《な》れない私、最初はびっくりしていましたが、これはご馳走してくれた人に対する礼儀なんだと理解して、何かいわねばと思ってあせったりしたものでした。

その経験をしたことで、日本でもおよばれすると、まあおいしいわ、とか、どうしたらこんなよいお味につくれるのかしら、すてき、というようなことをいってしまいます。

日本ではいただきますというあいさつと、ご馳走さまのあいさつで、食事は終わりますよね。食事の途中で料理に対する感想の言葉をいう習慣はありません。終わってから、おいしかったという人もいますが。作った人、ご馳走した人は、食べた人に気に入ってもらえたかどうか、気にしているものです。いいすぎるのも嫌みになるんでしょうが、本当においしかったら一言いってみてはどうでしょう。

おいしく食べるには食卓のまわりの人にもよります。元気のよい人、たくさん食べる人、気持よく食べる人、タイミングよくお料理についての言葉が出る人などが、食事をおいしくしてくれます。

私が食卓をいっしょにしたくない人は、好き嫌いのはげしい人、暗い話を好む人、えばる人、食べない人、あまりにも行儀の悪い人などです。

好きな人気持のよい人達と食事をする時ほどうれしいことはありません。

4 外の食事

食べもの情報

近頃の女性誌には、レストランや食品販売店の紹介が、必ず載っています。いえ女性誌に限りません。近頃の男性達はおいしいものを知る気持が強いのでしょう。男性誌にもイタリア特集だったら、イタリアワイン、イタリアチーズ、イタリア料理店、イタリア料理のつくり方が、ファッションやデザイングッズや車などの紹介の中に、しっかり組みこまれています。

それに衣食住の生活まわりの中でも、食に関しては興味が共通していると思います。例えば着るものはAさんはイタリア風がいいと思っているがBさんはイギリス風がいいと思っており、Cさんは日本のDCブランドが一番と思っているということがあるのに、AさんもBさんもCさんも、スパゲティが好きで中華も好きで和食も好き、というふうではありませんか。そして皆さんおしゃれと同じぐらいにおいしいものが好きです。

だから出版物やマスメディアはこぞって食に関する情報を提供しているのです。

私もずいぶん活用させていただいています。

一人で歩いて知るには限界がありますし、友人知人から教わるのにも限界があります。雑誌などで知る食べものまわりの情報は、広い地域にわたっているし、近場なのに知らなかった裏通りにあったりもして、ずいぶん得をすることもあるのです。

こともあるというのは損をすることもあると申し上げておかなきゃならないこともあるからです。

例えばカウンターでいただくおすし屋さんなんかがそうです。雑誌記者やら、常連さんにはご飯が小さめの魚はおおきいおすしをにぎってくれるから、おいしい店となるのですが、雑誌を見ておそるおそる出かける初めての客には、一人前千円ぐらいの並ランクのすししかにぎってくれないところが案外多いのですよ。

顔を見ながらつくって出す日本の料理屋は、この手が多いので、この手の情報はあてにならない。それでもやっぱりおいしかったという店なら、それこそ本物の店ですから大事にすることです。

またいいかげんな情報もなくはないのです。

だから食いしんぼうと名の高い著名人の推す店を一応信用して出かけるのも方法です。

たくさんの情報の中から、これはおいしい店かナ、そうでもないかナ、をかぎわけるには、雑誌の性格をよめるようになることも大事です。

それからそうたくさんうまーい店があるはずないのですから、うーんとたくさんうまい店紹介をしている雑誌、特にファッション誌の特集の中には、まずーい店、普通の店も多いことを知っておくことです。

そういう雑誌から行きつけのおいしい店を紹介させてくれという依頼がある時、私はうんとおいしく大事にしたい小さな店はかくしておきます。だから近頃はそういう電話依頼をことわっています。意地悪でそうしているのではありません。紹介した雑誌が出ると、

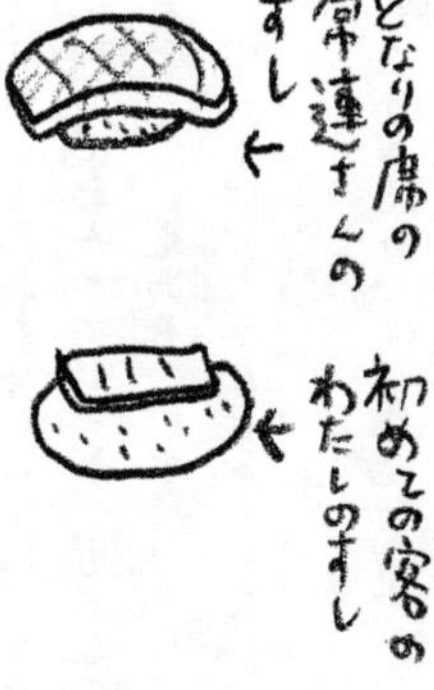

ワーッとその店に客がおしよせます。まず店があまりの来客に困惑するのです。店によっては迷惑をかけることが多いのです。それから雑誌に載って約三ヶ月後、ほとんどそういう客は来なくなるから、その三ヶ月間の混乱ぶりは、店にとって結局あまり意味のないものになってしまうし、時によっては大事な常連がその混乱期にあいそをつかして、離れてしまわなくもありません。常連のついている小さな店では、マスコミに取りあげられるのを、極端にきらっています。

私の知っているおそば屋さんでは、どんな客にもそういうことはさせていません。どんなに著名人でもです。そこはずいぶん名の高い方の出入りが多い店ですが、雑誌やマスコミに載りません。おそば屋さんも常連さんを大事にするかわり、客もその店を大事にしているのです。常連さんが知人を連れていく、そういう形でうまーい店は客足をつかんでいるのです。だから、うんとおいしい店は雑誌等には載らないのです。

もしその手の店に連れていってもらったなら、大事な客の一人になることをおすすめします。

という私、うまーい店紹介に興味があり、もしや私のようにかくしてはおかない人がいるやも知れずと、真剣に雑誌をのぞくのですが、多分私のような方も多いとみえて、なかなかうまーい店には出くわさないのです。ほどほどの店を知るのにこの手の紹介は実に便利と申し上げておきます。

ああ、それからフランスのミシュランのあの星マークでうまーい店を知るてだて、日本でもまねをしている方がおいでだけど、TVや雑誌に顔を売ってしまった人が、ミシュランのまねなど出来ようがありません。色紙にサインなどして店にかざらせるぐらいの有名人になったら、おいしい店をさがし出す仕事など出来るわけがありませんもの。だってその人だとわかったら、すしの種だってぶ厚くするだろうし、竹ランクが松ランクになるんだろうし、人情だもの、いつもの営業以上のものになるの、あたりまえで、だからそういう人には、本当のうまくて安くてサービスのいい店なんか見えないと思うのです。

それから情報の中で、値段の安くてうまーいというのと、高くてうまーいというのがありますが、安いうまさと、高いうまさは、これはもう根もとの方からちがっていますので、あたりまえのことで、どちらも楽しみ方があるのです。

焼き肉屋の安さと、ステーキ屋の高さ、大衆食堂の焼き魚定食と、割烹店《かっぽうてん》の焼き魚とのその値段の違いは、材料、手の加え方、店がまえ等なのです。

安くてまずいはしかたのないことですが、高くてまずいのに出くわすと立腹いたします。

食べるものというのは昔から食べもののうらみともいわれているように、根に残ります。お値段が高くて味が納得いかないと、損をした気になりますでしょう。それから、一食でもまずいものを口の中に入れて、まずいもので満腹すると、ものすごーく後悔します。自分で食べたくせに、やりきれなく嫌になるんです。

というようなことには絶対にならないように、気をつけて、勘を働かせておいしい店をさがし出さねばならないのです。

外で食事をする

ニューヨークで友人が昼食に韓国レストランに連れていってくれました。そこで友人おすすめの焼きビビンバを食べました。焼いて熱くした石（多分）のどんぶりの中にビビンバが入っていて、ご飯がこげるのをまぜまぜしてフーフーしながら食べるのです。これがおいしい。とってもおいしい。

東京のビビンバはご飯の上に野菜がのっているのをまぜて食べます。器は普通のどんぶりです。こげません。

焼きビビンバをもう一度食べたいなあ、とかねてから思っていましたが、何かの雑誌に麻布十番の韓国レストランが紹介されていて、料理が写真になっていました。よく見ると焼きビビンバらしいのです。器でわかります。

その店に行きたくてもチャンスがなくすぐには行けず、思いだけをたかめていました。そしてとうとう焼きビビンバを食べる為《ため》に、世田谷から麻布十番まで車をとばして行く日がきました。わくわく。

行ってみると店のつくりは流行《はや》りのインテリアの今風でした。ちょっとがっかり。でも席は満席で、だったらさぞかしおいしかろうと食べている人のテーブルの上をのぞくと、たしかに焼きビビンバがのっているのです。三〇分待たねばなりませんでしたが、あの焼きビビンバが食べられるのならと、喫茶店で時間をつぶすことにしました。
　さあて、いよいよです。おいしいはずのビビンバ。うーん、うーん。まあまあというところ。本当にまあまあという味。東京じゃこんなのかぁと落ちついて店をみまわしてみれば若い人達ばかりです。奥の方にはグループの若い人達が、大声でギャーギャーピーピーキーキー、お酒を飲んでうるさく安い飲み屋ごっこをしてさわいでいるのです。つまり店のしつらえは客層に合わせてあるのでした。（味もそのへんに合わせてあるのかなあ）
　夫は、私が食べものを目の前にしているのに元気のない様子を見て、私の考えていることを見すかして、この店が悪いのでも、飲み屋のようにさわぎたてている若い子達が悪いのでもないよ。合わない店にきたオレ達が悪いんだからね。となぐさめてくれるので、うんわかっているよ。とはいいながらも、大切な夕食を台なしにしたことがチクチク悔やまれたのでした。
　三〇分待ちますといった私達中年夫婦を見て、マスターらしい若いウエイターは、うさんくさいような顔つきをしたのでしたが、店に合わない年齢だったからだと、後で気がつきました。さあて何の本に出ていたのだったかなあ、「アンアン」だったか、「ポパイ」だったかと、毎号目を通している雑誌を思いうかべましたが、思い出せません。若者向けの雑誌の記事は、私のような年齢には合わないことをきもに銘じなおさなくてはと思いました。調べてみましたら主婦向けの雑誌に載っていました。

雑誌の食べもの屋紹介というのも、実にいいかげんなことも多いのです。何度もそれにひっかかっているのに、今回またしてもやってしまったわけでした。

焼きビビンバ
石の器
焼いてあるので
すっごく熱い

うわさのレストランで食事をする

志摩観光ホテルのラ・メールというフランス料理のレストランは有名です。新幹線で行っても行っただけのことはあると、ある友人からいわれて、絶対に行ってみたいレストランだったのです。機会をねらっておりました。雑誌「四季の味」がやっているその「ラ・メールを楽しむ会」などというのに参加するのも方法でしたが、自意識過剰な私にはちょっと勇気がいります。そんな時、三重県の伊賀上野に仕事で行くことになりまして、ついでといったらなんですが、やっぱりついでで、チャンスです。行くことにしました。一日早く出て、志摩観光ホテルで一泊して、そのうわさのラ・メールで夕食を経験する。本日とうとうそれをしてしまったのです。

まず東京は世田谷の家を一二時二〇分に出て、二時の新幹線に乗る予定をたてました。電車の乗りつぎがうまくいったので、一時二四分のに乗ることができました。賢島についたのが、六時五〇分。まあ時間のかかること。六時間以上かけて、ラ・メールの食事をいただきにきたというわけでした。ところで志摩観光ホテルというのが、いわゆる観光地の観光ホテルではなく（数少ない経験による）、なかなか落ちついた、よいホテルと知りました。私の部屋は六二四号室でしたが、外は真珠の養殖のイカダが浮かんだおだやかな内海です。部屋の中の調度は、シンプルで、飾りもなくすっきりしています。六時間かけてやってきて、部屋に通されて、ホッとしました。新しくないところがとてもいいのです。今時のホテルは天井は低いし、ごちゃごちゃピカピカしていて落ちつきません。最近めずらしく気に入った日本のホテルです。

私は豪華風で優雅風なホテルなど好みません。落ちついていてシンプルで清潔なら、好きです。

ホテルの部屋のことばかり話しましたが、とにかく気分のいい落ちつくホテルでしたから、ここまで足をのばしてきたかいがあったと思ったことをお話ししておきたいと思いました。

チェックインをした時に、ディナーの時間を七時半にきめました。シャワーをあびて、着替えてレストランでゆっくり目的を果したいと思いました。

白の綿のピンタックが前身頃にたくさんとってある、ズッカのブラウスに、黒のコムデギャルソンのパンツをはきました。靴もバッグも旅行中ですので、カジュアルなものですが、一応夕食をいただく最低のよそおいは、私らしくしたつもりでした。食事をする時、気取るのが好きです。お行儀よくいただく、少々緊張する、そういうのって、外での食事にはすてきを味わう上で必要だと思っています。

メニューはディナーのコースの一番高いのにしました。海の幸も肉もあるのにきめました。食前酒はドライシェリー、ワインはグラスの白と赤にしました。

冷えたドライシェリーの口あたりのよかったこと。というか、あまりシェリーもお酒もいただかない私です。この日はシェリーなど飲んでみたい雰囲気だったのでした。

前菜は「うにのほうれん草巻きの上にキャビアがのっている」ものでした。次には「あわびのステーキ」でした。三番目に「えびとあわびとキャビアののったジェリー状のコンソメスープ」でした。四番目は「伊勢えびのグリル」、五番目は「伊勢えびのポタージュスープ」、六番目が「マッシュルームとトリフのきざんだのがのったマデラ酒味つけのステーキ」でした。デザートはムースとシャーベットとコーヒーでした。

あわびや伊勢えびという貴重な海の幸をいただけるのが伊勢志摩ならではとは思います。ただ友人が新幹線でわざわざ出かけてもそれだけのかいのある味だといっていましたけど、私には今ひとつでした。あわびのステーキもオイル味が強すぎだと思うし、伊勢えびもかたく焼きすぎて本来のえびの素朴なあま味をころしているように思ったし、ステーキもソースの味が勝ちすぎのように思ったし、コーヒーは実にまずかった。

近頃、素材をおいしく食べることに凝っているせいで、ソースや手のかかるこみ入った料理のフランス料理を食べつけなかったから、ラ・メールの料理がおいしいのかどうか、わかんなくなっているのかも知れません。それにしても油っぽい料理の後でアメリカンコーヒーの類《たぐい》(うすい)を出すのは、おかしいのじゃないのでしょうか。

フランス料理じゃないけれど、麻布十番のクッチーナヒラタの料理の方がおいしいと思うし、ポピュラーな味のキャンティ(これもフランス料理じゃない)の方がおいしいと思うし、代官山の小川軒の方がおいしいと、私は思うのです。

ここにくる数日前に別の友人にラ・メールに行くんだといったら、あっそうとそっけなく、そして別れ際、わたしはあんまりよいと思わなかったよといいました。きっと黙っていられなくていったんだと思う。その彼女の意見と同じ感想を私はいだいてしまったのでした。

ほんとうのところフランス料理って私にはよくわかんない。たぶんおいしいとかおいしくないとかそんなことじゃなくて、私も友人も好きという好みの範囲がラ・メール好きの人と異なっているのかも知れません。

わざわざ遠くまでやってきてラ・メールを楽しむ人が多いということは、ラ・メールは本当はおいしいのかも知れないとも思います。

さあて、私はお皿の上に顔を持っていって口に料理を運ばなかったので、お行儀の悪いことに、テーブルクロスにだいぶんソースのしみをつくってしまいました。どうもソースの多い料理は私に合わないみたい、なんていってしまって、なんだか負けおしみみたいです。お行儀悪いのはいけません。深く反省。

とにかくわざわざきてよかったのは、気分のよいホテルに久しぶり泊まれたということでした。

（志摩観光ホテルの部屋にて）

食べものやで食べる――小田原のステラ・マリス

湯河原の先の山の上に仕事場を建てているので、進行具合を見にいきました。

東名高速で厚木までいって、厚木・小田原間の高速道路にのりかえ小田原の早川までいき、そこから西湘《せいしょう》バイパスにのりました。

早川でバイパスにのったとたん、先日「ブルータス」の本の中の、早川駅口の海の見える場所のフランス料理屋の紹介文を思い出し、車の窓からそれらしい店をさがしましたみつけました。

湯河原で仕事をするようになったら、おいしいレストランのひとつやふたつ近所に見つけておきたいと思っていましたから、本日はまず一人で下見と思い帰りに寄ってみました。

フランス料理はあまり好みではありませんけれど、フランス料理こそレストランで楽しむものだとも思っていますので、入ってみました。

レストランの名前はステラ・マリスで、シェフは吉野建《たてる》さんといいます。吉野さんという方は渋谷のロアラブッシュのシェフでもあった方で、早川という地味な漁村にはもったいない気もしなくはありませんが、新鮮な魚や野菜が手に入る場所での仕事は、面白そうです。それに近頃小田原や湯河原や熱海《あたみ》に住いを替えた文化人も多いですから、おいしいもの好きの客はいるでしょう。

さて、私は昼のメニューの三千八百円と五千円と七千円の中から五千円のをたのみました。三千八百円は魚料理か肉料理のどちらかで、五千円のは魚料理も肉料理も食べられます。お昼にフルコースを食べることがほとんどありませんから、心配でしたが、とにかく下見という気持がありましたので、五千円のにしてみました。七千円のはおまかせになるそうで、今回はやめました。

いただいたのは図のようなお料理です。魚料理より肉料理の子羊のグリル風は、思っていた以上においしくて、好きになりました。それからチーズが好きなので、別にたのみましたが、ワインを飲めたらもっとよかったと、思いました。その後にいただいた冷たいデザートが、とてもおいしくて、しめくくりのエスプレッソもいただいて、大満足をいたしました。

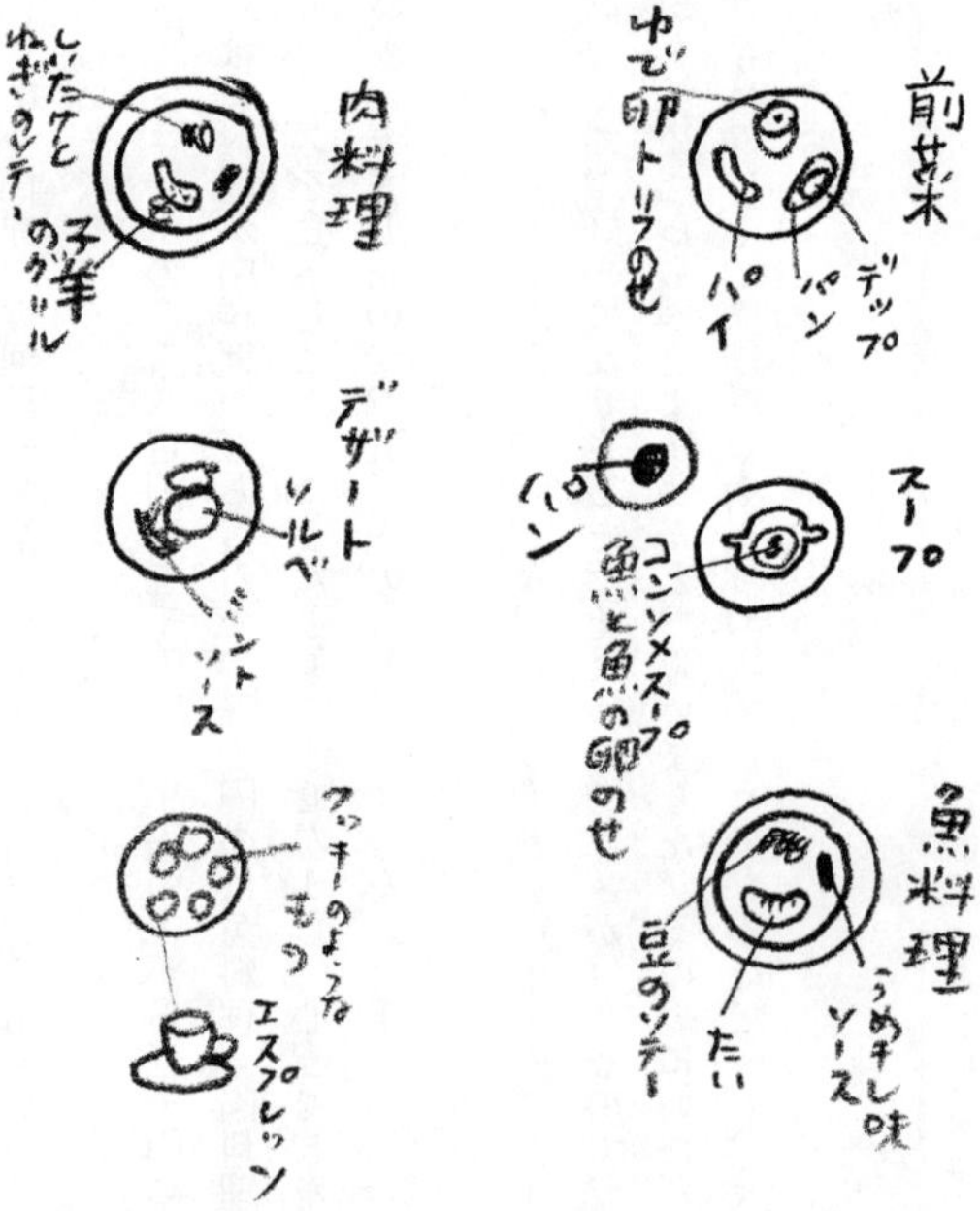
前菜
ゆで卵トリフのせ
パイ
パン
デップ
スープ
コンソメスープ
魚と魚の卵のせ
パン
魚料理
豆のソテー
たい
うめ干し味ソース
肉料理
しいたケとねぎのソテー
子羊のグリル
デザート
ソルベ
ミントソース
クッキーのようなもの
エスプレッソ

ラ・ルーヌで昼食をいただく

さてフランス料理。東京のあちこちにフランス料理屋があるようです。あちこちというより、あっちにもこっちにもあるようです。そりゃそうです。フランス料理のシェフの修業にたくさんの男たちが海を渡っていきました。その人たちは日本でレストランをしたくて行ったのですから、もどってきて店を持つことになるのです。

シェフ修業にアメリカやイギリスというのは聞きません。まあシェフはフランス語ですけどね。

よい料理人になるには、フランス料理をきわめることで、フランスにはそういう外国人をも、受け入れる有名なレストランがあるそうです。

ともあれ日本中にフランス料理屋があって、昔修業をしてきたシェフは、基本通りのソースで料理をつくり、ヌーベルキュイジーヌの時代をなぞってきたシェフは、素材をいかした料理をつくる。そこで店によって味がちがうのであろうと思われるのです。

私は本格的フランス料理と、多くの味にうるさい方々がすすめている、熱海大月ホテルのラ・ルーヌに昼ご飯をいただきに寄ってみました。

予約をしていませんでした。熱海に用があったので、ついでにトライしてみようと思いついて入ったからでした。

ホテルのフロントから電話をしてもらって、一人の席をつくってもらいました。たまたま駐車のことでフロントに寄って、ラ・ルーヌに行きたいといいましたら、フロントがラ・ルーヌに電話をしてくれたというわけでした。直接行くよりこういう形で席をつくってもらう方が、予約なしの場合はよいかと思います。

ラ・ルーヌはそう大きなレストランではありませんでした。四〇席もないかも知れないレストランで、つくりはクラッシックです。テクスチャーのある乳白色の壁に天井にはこげ茶色のはり、壁には大きなヌードの油絵がかかっていました。テーブルには白いテーブルクロスがかけられ、椅子《いす》はワインレッドを少し白くうすめたようなローズ色のビロードでした。ギンギラギンじゃなくてホッとしました。

二つの窓からは熱海の海が見えます。その窓もこまかく区切りをつくった白ペンキのわくの窓でしたから、ちょっと外国にいるみたいでした。

お昼は五千円のコースになっているとのこと。大人のきちんとした接客係が二人、さりげなく給仕してまわっていました。落ちついた二人はめざわりじゃなく、ああここは大人のレストランだと思わせました。

小さなリキュールグラスのような器に入った冷たいジェリー状のスープ、盛り合わせ前菜はフォアグラ、ウリと生ハム、いかのスミ煮、白っぽいソーセージのようなもの、なにかのテリーヌです。パンは白っぽい小さなものでまわりになにかの実がくっついていました。なにかというのはいけませんね。でもよくわからない。魚料理はすずきの野菜ソースがかかったもので、肉料理は私はヒレステーキにしましたが、舌《タン》のシチューというのもあるそうでした。昼は選ぶことが出来るのが肉料理だけです。ステーキにはリゾットとマッシュポテトがついています。ソースは洋風と和風が出てきます。デザートは白いムースに白いココナツミルクがかかっています。それからコーヒー。コーヒーはやはりごく普通のもので、私は濃いのが飲みたいナと思いました。エスプレッソはイタリアが本場ですから、本格的なフランス料理屋では出ないものなのでしょうか。

うん、ここのはフランス料理か。でもなかなかで満足しました。何が満足だったかというと、客にこびていないところかな。グルメファンの多いレストランは、ツンとすましてうと、客にこびているか、つくりすぎて客にこびていると思います。スタンダードに近い昼食をいただけたような気がして、これは夜もこなくちゃと思いました。

ナプキンの扱い方
途中で席を立つ時は
椅子の上にナプキンを置くん
だそうです。

食事が終わったら
テーブルの上に
置くんだそうです。

日本らしい食べもの

いつだったか四谷の丸梅という、一般の人だといただけない（なじみの人だけを相手にしているので）、お料理屋さんに、金子功さんの招待で、行ったことがありました。

メンバーは栗崎《くりさき》昇《のぼる》さん、金子ユリさん、私の夫、私、それに当日急な用が出来て出席出来なかった金子功さんの代りの会社の女性の五人でした。

六畳に長いテーブルが置かれておりましたが、その夜もその部屋に我々一組の客しかとっていないのでした。その夜もというのは丸梅では一晩にたった一組しか客をしないのだそうです。それに今から五年ぐらい前でしたが、お料理をつくられる丸梅のご主人のお体具合で、一ヶ月に半分しか店を開けられないとも聞きました。

とすると一人前いくらぐらいのお値段だったのでしょうか。私共は金子さんの会社にご馳走《ちそう》していただくのでしたから、ふところを心配しないでもよいのでしたが、小心者ですから、気になってしまいました。

もったいないことにいただいたお料理ほとんど忘れてしまいました。ただ、なんとおいしいんだろうと感激したことを覚えています。

丸梅は皿の上にこてこてとした飾りつけはしていませんで、煮もののようなものは、どんと鉢で回ってきまして、自分の前の取り皿にとり分け、さしみは小鉢にこんもり盛ってあり、上におろしわさびが載っているだけでした。鉢も皿も上等のもののようでした。あの魯山人《ろさんじん》の料理屋で出していたものにごくごく近いのかも知れないなあと思いました。

丸梅さんは今はもう閉めていらっしゃるのか、特別なコネのある身ではないので、うわさも聞けません。五年程前に金子さんと栗﨑さん（栗﨑さんがおなじみだったんだそうで

丸梅さんは葉や花を
皿の上の飾りに使わない。

す）のおかげで丸梅さんのお料理がいただけたこと、ほんとうに感謝しています。

懐石料理は目的（茶会）があって形づくられたものですけど、今では料理屋で高級日本料理として食べさせています。日本料理の代表的なひとつです。

あまりあちこちでいただいたことがないので、はっきりいえないのですが、懐石料理というのはどうも今ひとつおいしく思えないのです。

手のこんだ料理で、美しく形づくった料理だということは、見ればわかるのですが、味わいの深さについてはよくわからないのです。いただいた後いつも心からご馳走さまがいえないのです。

高級日本料理として有名な京都の吉兆という京料理屋さんでいただいた料理はなかなかではありましたが、いただくメンバーに私が馴《な》れないせいで、お味を楽しめませんでした。

日本料理は、つき出し、酢のもの、生もの、煮もの、焼きもの、揚げもの、汁ものといったようなコースになっている、懐石料理や会席料理や精進料理がありますが、その他にすしとかうなぎとかふぐとか天ぷらのような高級料理もあります。

すしはシンプルで、すしめしの上に魚をのせてにぎってくれるのをいただくわけですが、高級すし屋に行くと、まず、酢のものや焼きものや煮ものを出してくれるところがあります。そういうのを食べてしまうとすしを食べる前にお腹がいっぱいになるので、かないません。すし屋に行くのはすしを食べたいからですから、料理屋のまねはしない方がよいのにと思うのです。

うなぎ屋でもうなぎづくしの料理を食べさせているところがあります。これはこれで食べてみて納得します。ただうなぎのコースは全部いただきれません。

ふぐもまた美食です。さしみの味のデリケートさ、白子の焼きもののあの重いうまさ、から揚げもちりなべも、美味としかいいようのない味です。ただお値段がよすぎます。

天ぷらは店によって味が違います。種は同じなはずですし、衣をつけて揚げるだけですが、おいしい店のとおいしくない店のと比べると、格段の差があります。

衣なのか油なのか揚げ具合なのか。とにかく種を衣につけて揚げるだけの料理です。原因をみつけるのは簡単そうですが、いつもおいしい店といっこうにおいしくない店に分かれ続けています。

うなぎは名のない店でもおいしい丼《どんぶり》に出合うことも多いのです。うなぎ専門店じゃなくてもうなぎ丼がおいしい店もあります。ところがすしやふぐや天ぷらだけは、専門店に限る気がします。そしておいしい店も限られています。それからお値段が安いところは、それなりの味ですが、ある程度払うつもりでないと、十分な味は期待出来ないと思います。その点庶民的な味わいのもの、そばとかうどんとかとんかつとかはおいしい店でもそんなに値段は張りません。

そばはおいしい地域というのがあるようです。東京は比較的おいしいのです。長野の方もおいしいと聞きます。出雲《いずも》は出雲そばが有名ですから、おいしいはずですが、黒くてかたくて太いので、私には合いませんでした。東京の御前そばという、そばの皮はまぜないで白いところだけの粉でつくるそばは、そばじゃないという人もいますが、それに似ています。私は御前そばはきらいじゃありません。

そばは黒くて太くてボソボソしているのからゆずをまぜてつくったおしゃれなものまで、幾種類もあります。店の売りを客は選べばいいのです。

東京では神田のやぶそばが有名です。浅草の並木も有名です。ちょいとそばを食べに行くには私の行動範囲では遠すぎますので、東京に住んでいても一年に一回も行きません。目黒の一茶庵《いっさあん》や白金の利庵《としあん》や六本木の狸穴そばや本むら庵などに行っています。

京都に久しぶりに行った時、昼にそばが食べたいという夫のために、乗ったタクシーの運転手に連れていってもらったそば屋のそば、東京のそばの味からは程遠いもので、夫はがっくり。そばぼうろで有名な店にはしごしたけどやはり同じそば。京都ではそばよりうどんだと帰ってから人に聞いて、そばにこだわった夫はそれで納得していました。

うどんは東京にこれぞという店は少ないと思います。秋田の稲庭うどんを食べさせるとか四国の讃岐《さぬき》うどんを食べさせるとか、大阪のうどんすきを食べさせるとかのような、地方性の強い店じゃないと、おいしくはないような気がします。

とんかつに関しては、目黒のとんきが有名ではありますが、私には揚げすぎで肉のうまさが味わえないので好みません。代官山に事務所があった時、よく食べた近所のげん太というとんかつ屋のとんかつの方が、ずっとおいしかったと思うのです。

日本らしい食べものとしてはこの他にすき焼きやどじょう、焼きとりなどがありますが、すき焼きは良い肉を買ってきて自分の家でつくってもちゃんとおいしくいただけるので、主婦としては、わざわざ出かけていって食べるという気は起こしません。どじょうに関しては個人の好みです。私は苦手で食べませんので、ここに書けません。焼きとりというのも、どうしても食べに行きたいと思わないので、書けません。

というようなところで、日本の食べもの、店にわざわざ出かけて食べるものを考えてみました。

つけそばは
関東がおいしい
と思います。

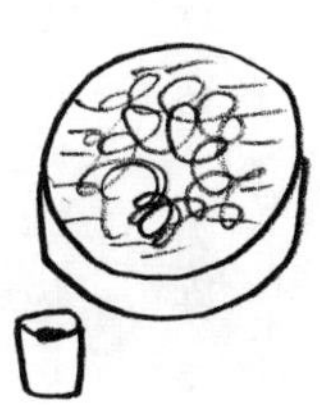

つゆうどんは
絶対に関西です。
東京のつゆうどんを
食べた時、とびあがって
しまいました。
しょうゆが濃すぎる
のです。

ついでにケータリングのこと

今から五年ぐらい前のこと、もしかしたら六年ぐらいも前になるのかなあ、六本木のアクシスビルの東京デザイナーズスペースで展覧会をしました。

オープニングパーティに家庭料理の仕出しをたのみました。当時はケータリングが一般的ではありませんで、目白の家庭料理屋の仕出しを知人に教えてもらってたのんだのでした。

以前に知人のオープニングパーティに出席して、そこで出ていた料理がすてきで、それのまねでした。

その知人のパーティのすてきな料理の内容は、めざしの焼いたの、こんにゃくのでんがく、おにぎり、大きく切ったきゅうりとなすのつけもの、日本酒でした。いやだあといわないでください。そんなのパーティにおかしいという人は、えらく遅れている人です。

その料理は竹の皮を皿にして食べます。日本酒は一合升《ます》です。

知人のまねして私のオープニングでその料理を出したら、私のような方がいて喜んでくださいました。

二年程前にやはりオープニングパーティをしましたが、知人がケータリングをしていましたので、めざし、野菜の煮もの、さつま揚げ、焼き魚、おにぎりというメニューでたのみました。やはり好評でした。

その時ニューヨークからちょっと帰ってきていた人が出席してくれていて、こういうメニューのパーティだったら、ニューヨークで大うけだと、ニューヨークにこの手のケータリングがないのを残念がっていました。

ホテルで開かれるパーティは、西洋風が多いのです。カナッペ、テリーヌ、ローストビーフ、サラダ、サフランライスとそれといっしょに食べる肉料理。うんざりの人が多いのか、パーティが終わる頃になっても、そういう料理は残っています。大きなパーティではコーナーに出店をつくっていて、すし、そばも食べられるようになっています。するとその店の前には人が並ぶのです。日本人だから日本料理が好きということもあるでしょうが、日本の食べものは材料をいじりすぎていないので、おいしいのです。

あるパーティに行きました。料理は日本風でした。カナッペ風に小さくした魚、こんにゃく、豆腐でんがく、とりのつくね。ぬりの板の上に、美しいざるの中に、上品に少しずつのせてありました。それをうす板でつくった舟の皿にとって食べるのですが、食べている人が少ないのです。一口いただいてみて、あらまずい、手が出なくなりました。日本風でも懐石風はこのようなパーティでは受けません。

おいしい日本料理を追求したある店では、どーんとどんぶりに入れられた煮ものだったり、鉢の中に重ねて盛り上げたさしみだったり、やわらか煮のあわびはそのままの形だったりでした。味を重視すると多分そうなるんじゃないのかと思います。

特に立食のパーティでは、シンプルな料理が一番です。

先日知人の展覧会のオープニングパーティでは、パンとパテとペーストだけでした。作品の中にたくさんの犬がありましたから、手づくりパンは犬の顔と犬の好きな骨の形のがありました。パテもペーストもおいしく出来ていましたし、ユーモラスなパンも楽しくて、なかなかよいパーティの料理でした。私はちゃっかりと犬の顔と骨の形をしたパンのおみやげまでもらってきました。

パーティの料理は高級じゃないとつまらないと思う人は、田舎人なのです。

ケータリングという仕事がパーティの多い都会では流行っています。小さな事務所開きや小さな展覧会や暮れの小さな忘年会だって、ケータリングが利用出来るのです。

5 体と食べもの

体によいもの

本によると、キャベツやレタスやほうれん草やさやえんどうは、ミネラルもアミノ酸もビタミンもたくさん含んでいるのです。それからいわしやさけは、核酸やEPA（エイコサペタエン酸、不飽和脂肪酸の一種）源というものを、含んでいるのだそうです。よくわからないんだけどそれだから体によいそうなのです。

豆といもや大根やかぶや人参《にんじん》やごぼうのような根菜も食べなさいといっています。それに米や小麦粉は精製していない状態の方がよいそうです。玄米やホールウィート。つまりまっ白なご飯や白いパンにはカロリー源以外の栄養素は少ししか含まれていないというのです。

砂糖のとりすぎはとても体によくないそうです。着色料や人工調味料や人工香料のような食品添加物は最悪だそうで、そうすると菓子類、甘いジュース類、加工食品、インスタント食品は食べない方がよいということになります。

本には何故《なぜ》体にいいかまたは悪いかが、書いてあるんですが、それをかみくだいて皆さんに話をするのはうまく出来そうもないので、とりあえず、食べものにも体にとって良品と不良品があるということを、知っておいた方がよいと思うと、私はいわないわけにはいきません。

食べものについての話ですから、そこのところ、さけて通るわけにはやっぱりいかないのです。

例えば精神不安定、怒りっぽかったり、いらいらしたりは食べもので起きるとか、体の病気の糖尿病や痛風や癌《がん》さえも食べものによると本には書いてあるのです。肉や、砂糖がどっさり入ったものばかりを食べていたら、気持に変化が起きるのは想像が出来るじゃないですか。

そこで私は自然酵母を使った全粒粉のパンを買い、自然食品屋のクッキーを買い、コーヒーをやめ、自分でケーキを焼き、あまり肉は食べず、野菜のメニューを多くした夕食を食べています。

けれどある日おみやげにもらったお菓子、つまんでみるとおいしいのです。自然な形のあまり手をかけないようなお菓子は、素朴で、素朴な味はよさではあるけれど、まずしかった小さい頃を思い出してしまいます。

かりんとうやせんべいやおかき（東京のせんべい）のような菓子しか食べなかった子供の私が、ある日アイスクリームなるものを口にして、あの舌の上でとろけるえもゆわれぬまろやかな甘さに感動し、チョコレートの刺激に侵されていった、今でいう体によくない甘さの魅力にそまっていったことを思い出します。

煮てつぶしてもとの形を変えてうまさをつくり出すフランス料理も、たまになら食べてもいいんじゃないかと今は思う。自然食家にはなりきれない弱さを私自身は持っているなあと思います。

でも体にいいもの悪いものを知らないより知っていた方がいいのです。自分で作る食事は出来るだけよい材料で、栄養をこわさないつくり方でつくって食べていけばいいんじゃないかと思うのです。

幸い私はインスタント食品は絶対に食べませんし、出来あいの惣菜《そうざい》は嫌いですし、加工食品も食べたいと思わないので、体にいいものの方向転換はそうむつかしくありません。ただ、どっぷりひたりきる程意志が強くありませんで、その点はいいかげんすぎて、いばって体によい食べものの話は出来ません。どう体によいものを自分の生活にとり入れるか、それはそれぞれの問題だと、逃げたいい方をしてしまいます。

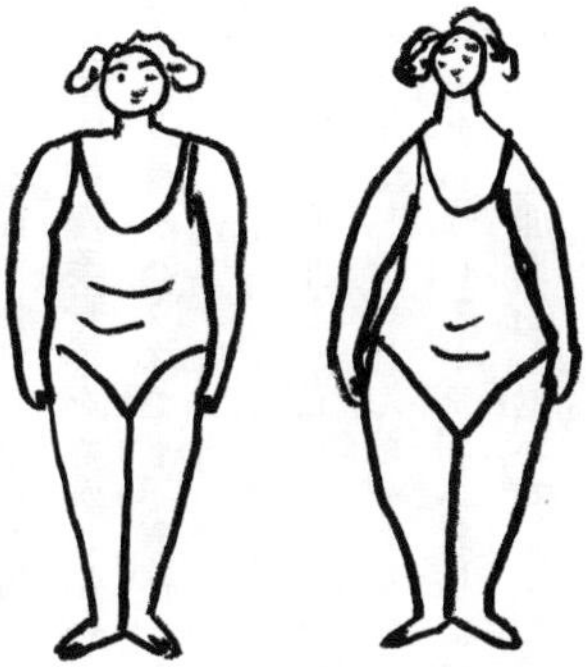

肥満は成人病と仲良しなんだそうです。特に中年太りはあぶないと、いわれています。でも、おいしいものを前にすると、がまんが出来ません。困った。

自然栽培の野菜

農薬をたくさんかけて育てる立派な野菜達を、農家の人達は食べないといううわさを聞いて、有機農法や無農薬野菜をさがし歩いて手に入れるようにこころがけはじめました。

東京ではナチュラルハウスでも、デパートでも、街の中でも、けっこうさがせばその手の野菜が買えます。

でも必ずその手の野菜しか買わないかというと、そんなことは出来ませんで、普通のスーパーマーケットで、ほうれん草やねぎやじゃがいも等を買って間に合わせてもいます。

青山にキハチというレストランがあります。レストランは一階なのですが地下には魚と野菜とちょっとした加工品が置いてあって、魚は市場を通さない新鮮なものが買えるし、野菜の種類は限られているのですが、有機栽培のものが買えるのです。そこで売っているということはキハチのレストランでも使っているということだと思います。

小田原の早川にあるステラ・マリスというフランス料理のレストランに行った時、シェフの奥様と話をしましたら、土曜日には有機栽培の野菜や放し飼いの鶏の卵が入るから、よかったら分けてあげるとおっしゃってくださいました。話によるとステラ・マリスで使っている野菜や卵もちゃんと選んであるようなのです。

キハチのレストランには行ったことがないのでくわしいことは知りませんが、ステラ・マリスの料理は、だからといって値段が高かったわけではなかったと思います。

このようなレストランが安心して食べられる材料を使うのは、人間の食べるものをつくるという仕事に、とても誠実だと思うのです。

もちろんこのような高級レストランだけじゃなく東京や東京近郊には自然食だけで食べもの屋を商っている店もあるようです。

東京の成城のナチュラルハウスの本売場でみつけて買った『〈東京・神奈川〉自然食レストランガイド』（古閑《こが》泰博・編著）の本によると、私の住む世田谷近辺にもいくつか自然食屋があるのを知りました。

祖師谷大蔵《そしがやおおくら》と経堂《きょうどう》と下北沢にあるようで、近々のぞいてみてこようと思います。

自由が丘には、オープンセサミというアメリカのボストン郊外の店の二号店があるようです。ここは有名で以前から耳にはしていましたが実際には行ったことがありません。地図をたよりに行ってみようと思っています。

自然酵母のパンをつくっている富ヶ谷《とみがや》のルヴァンを知って、パンのおいしさを知りましたし、玄米のおいしさも知って、近頃私は自然食派に傾きつつあるのです。

体をつくっているのは毎日口の中に入れる食べものだということを意識しています。だからファーストフードやジャンクなスナック菓子類を毎日食べている若い人達、大丈夫なのかなと心配しています。それから何かの雑誌に、癌になる原因に普通の食べものが、かなり高いパーセントだと書いてあって、頭の中からぬぐえません。（一九九〇年四月一八日の「東京新聞」の「筆洗」のコラムによると、食物の添加物や農薬は癌には関係ないけれど、肉や魚をたくさんとる普通の食事が癌を誘発することになることもあるとありました）

自然食派といっても、我々の大地はほとんどが化学肥料などで汚染されていて、完全無農薬野菜や穀物は望めません。それから動物性食品のうち、肉は体によくないからといって、魚ばかりを食べていて大丈夫なのかどうかも、大地と同じように海洋汚染を考えると、心配になります。

ＴＶで、ソビエト（現ロシア）やドイツやオランダやノルウェーや英国などの国が接している海洋では、あざらしの八〇％が死んでしまったというニュースを見ました。たれ流しの化学廃棄物がプランクトンや魚たちを汚染し、それらを食べて生きているあざらしを死に追いやってしまったのです。養殖はまち等に問題があるといわれていますが、海を泳いでいる魚だって同じことなようです。

じゃ何を食べれば安心かというと、答は出ません。絶対に安心な食べものはないといっても過言じゃない時代なのじゃないのでしょうか。

それでも食べなければ生きていけません。だから少しでも体によいものを選んで食べていたいと思います。

私のダイエット

私は二月から五月ぐらいまでの時期、ベスト体重より四キロぐらい太るのです。六月から八月ぐらいにかけて少しずつ体重が減り、九月から一一月ぐらいはベスト体重になり一二月一月は食べすぎもあって一キロぐらい多めになってしまうのです。ここ数年それをくりかえしています。

四キロ太るととてもデブになります。太もも、お腹のまわり、背中にもしっかり肉がつきますから。

なぜ二月から五月にかけて太るのか、悩みます。知人の整体治療を受けている人の話によると、その時期は体が活発になるので、体がエネルギーをたくわえるのだそうです。だから太ってもいい。そのかわり秋は太っちゃいけないんだそうです。体が休みの方（新陳代謝がにぶくなる）に向かっているからだそうです。

だからといって四キロ増しはちょっと問題です。動きにくいし、しびれはきれるしそれにみっともよくない。

そこでこの時期にいつもダイエットをこころみます。流行《はや》りの卵ダイエットのメニューは家族がいるのでなかなか実行出来ません。それでもたった一日卵とコーヒーとグレープフルーツだけですますと、一キロは減ります。

玄米ご飯も食べてみました。

でも自分の生活を考えてみると、この時期はケーキも食べるしご飯もたくさん食べてしまっているので、卵も玄米も結局追っつかないのです。

何故この時期にケーキを食べたくなるのか。食べものを見るとがまんが出来なく、手が出てしまうのか。

頭の中の何かの回線が食べることのブレーキを狂わせているとしか思えないのです。

過食の女性を描いた小説の中に、食べものを買ってくると、包み紙をほどくのももどかしいぐらいな気持になり、皿の上やテーブルの上に並べることもしないで、口の中に放りこんでいくところがありました。また食べものが部屋になくなると不安になる、あると平らげてしまう、のくりかえしをしてしまうともありました。それほどひどい状態にはなりませんが、わりと近い現象が私にも起きることがあります。

食べものを買って車に乗ると、運転しながらでも食べないとおさまらなくなる時があります。そういうのは太るからいけないと思っているんなら、トランクにでも入れればいいのですが、そういう時期（食べることのブレーキがきかない時期）は、それが出来ないのです。助手席に置くのです。後部の座席に置いて、手が伸びないと、イライラしてしまうこともあるからです。助手席に置けば安心して運転が出来るんだと、自分にいいわけをして置くのです。そして運転を始めると、包みが気になってしかたがなくなり、結局手を出してしまうのです。

問題は、なにかをしながら食べると、食べた気が半分ぐらいしかしないのです。だから十分満足しないのです。量をたくさん口の中に放りこんで、お腹がいっぱいになっても、気持が満足していないことがあるのです。運転をしながら食べると、まさにその状態です。もちろんそういうことをしょっ中しているわけではありません。何かちょっとした時に、そういうことをしてしまうなあと思います。

先日は一晩に二つのパーティがあって、最初の計画では、一つめのパーティは顔を出して挨拶《あいさつ》だけにして切りあげ、二つめのパーティで腰をおちつけようと思っていました。ところが一つめのパーティ会場には、おいしそうな和食のご馳走《ちそう》とケーキがすてきに並べられていました。そこでやっぱりいただこうと思って、お赤飯、肉、魚、さしみ、煮っころがし、おすし、シフォンケーキ、キャロットケーキ、チョコレートケーキと腰をおちつけて食べてしまいました。ケーキがいけなかったかなあ、と思った食後感でした。

お腹がいっぱいになったので二番めのパーティに出かけました。もう終わりかけていましたが、友人達がレストランの席についていました。そこで私もそのテーブルに座りました。皿とフォークとナイフが並んでいます。主催者の身内の方が親しい人をもてなしてくださるつもりらしくて、ポテト、ソーセージ、えび、ご飯、パン、サラダ、にしん、いろいろ出てきました。ちょっとだけ、ちょっとだけと思いながらも、お腹いっぱいの中につめこんでしまったのでした。食べないということが気持として出来なかったのです。

その帰り私の家に友人達がお茶をしにくることになりました。チャイニーズティと、フルーツといただきもののクッキーをテーブルにひろげました。私は出したフルーツもクッキーも食べてしまいました。その人達が帰ったのは、一時をまわっていました。私のお腹は夜中の一時に満腹状態でした。

さて、その翌日私の体重はバーンとあがっていました。

ところで、体重があがったら、すぐに食事制限をすることです。肉が体についてしまわないうちに。それは食べすぎの翌日が一番いいのです。その日一日ダイエットをすれば、なんとか大丈夫なのです。私知っていたのです。わかっていたのです。でもしなかった。

それから街中に仕事場をなくしたせいで、近頃出版社の人との打ち合わせが、街中の喫茶店になるのです。出版社の人はたいがい女性です。コーヒーをたのむとケーキもたのんじゃうのです。二人で。店を指定する私に下ごころがあるというわけではありませんが（ないと思うけど潜在的にはあるかも知れない）、どこの店にもおいしいケーキが置いてある。代官山のレンガ屋、青山のフィガロ。にがめのコーヒーと甘いケーキを交互に口に入れてごらんなさい。これはくせになるおいしさなのです。だからくせになってしまっています。アルコール依存症のような中毒に近いかも知れないくらいがまん出来ない日もあるくらいです。

もひとつ、お腹がいっぱいになるまで食べてしまう。食べられないたくさんの量を口の中におしこんでしまう。そうしないと満足感が持てなくなってしまっていたのです。

一ヶ月程前、ある人の展覧会のパーティがありまして、その会場でお酒もつまみも口にしませんでした。知り合いが少ないのでやめようかナと思った二次会についていきました。銀座のビアホールです。車を運転していますからビールは飲みません。グレープフルーツジュースを飲みました。食べものは、フライドポテト、ソーセージ、ピザパイ、ドイツパン、オニオンフライなどなど。この手の食べものが、どんなに太るか翌日ヘルスメーターにのってみて知りました。もしこれでビールでも飲んでいたら、きっとすごい。知り合いが少なかったんだから、やめておけばよかったと後で思いました。

というようなこと続きの結果、四キロ太ってしまったのです。すぐにおとせる肉ではない、しっかりついてしまった肉体は、シャワーに入るたびに、ぞっとします。我ながらです。もうくるところまできてしまったというような感じになりました。

この際、みんながやっている評判の卵ダイエットをひととおりしてみるか、と思いました。いつも一日で終わってしまうダイエットです。みるにみかねた夫がすすめたので、とうとうふみきりました。ところがです。以前に一日やっても一キロ減るといったこと、撤回しなければならない現象がおきました。まず体が卵を受け入れてしまうのです。体が反応しなくなっていたのです。結局一週間まじめにやってようやっと二キロ減です。つらいいやな重苦しい卑屈な思いを一週間して、二キロしか減らないのです。それだけしっかり体に肉がついてしまっていたということなのかと思います。

この一週間の間、食べることについて、いろいろ考えました。食べてしまう原因も考えてみました。

前にもちょっと話しましたが、夫と仕事を兼ねて京都に行った時、そば好きの夫の希望があってそば屋に入りました。ところがまずいのです。昔にしんそばを食べておいしかったそば屋を思い出しまして、次に来るときはそこに行こうということを話しながら歩いていたらそのそば屋の前に出ました。夫はどうしてももう一枚食べるといいます。私はお腹がいっぱいでしたけれどつき合いました。そばはお腹にどんときます。その店を出る時夫も私もお腹だけは満腹でしたが、気分は不満腹でした。東京のそばと京都のそばは味が違うのです。東京人の口にはちょっともの足りないのです。

コーヒーを飲むことにしました。有名なイノダコーヒの本店でです。私は砂糖ぬきのコーヒーをたのみました。メニューは写真入りです。おそばでお腹がいっぱいなのに、ケーキがおいしそうなのです。二人でひとつ食べようということになってたのみました。おいしいのです。これなら一人に一個でもよかったねという夫に、じゃもう一個たのもうよ、という私。いややめよう。もうお腹がいっぱいだ。いいじゃないのたのもうよと私。結局たのみませんでしたが、頭の中でケーキが足りないことがぐるぐるまわっていました。

私達のテーブルは丸くて大きくて、他の客もすわっていました。となりの客がサンドイッチを食べていました。帰りの新幹線でサンドイッチを食べたいなあと思いました。夫にそうしたいからたのみたいといいましたら、だめだというのです。あきらめましたが私の頭の中でサンドイッチがぐるぐるまわり始めました。

京都から帰ってきてから、ケーキとサンドイッチを食べることに集中してしまいました。たくさん食べないと頭の中のぐるぐるから解放されないのです。

私の食べものにふりまわされる原因のひとつに人の意見で抑えられたことによって起きることがあると思います。

さて卵ダイエットは、大皿に盛った料理を小皿にとって食べるという、いつものうちの食べかたではもちろんありません。私一人が食べるのですから。塩をかけただけのサラダ、ゆで卵、グレープフルーツ、肉を皿に入れ、ランチョンマットの上に並べます。自分のお腹に入れる食べものが目でしっかり確かめられます。目でまず満足します。全部お腹におさめた時、皿はからっぽになっています。食べる前の食べものは頭の中に記憶されています。それらが今自分のお腹の中におさまったんだという満足感があります。お腹もいっぱい気持も満足。

このダイエットは、夫といっしょにとるより、一人でゆっくりいただく方が、気分がよいことも知りました。たまたま夫と食事の時間帯がずれまして、一人で食べることが三回ぐらいありましたら、気持が落ちついてとても充実した感じが残ることを知りました。

実は今二週間目に突入しています。この卵ダイエットは二週間やることとなっています。友人の多くは一週間で成果を得ていて一週間でやめています。私はあまり結果がよくないのでもう少し続けてみようと思いました。今現在は最悪の時から三キロ減です。

そしてここまでやってしまうと、いいかげんなことが出来ない気持におちこんでいるナと思います。ラムが好きじゃないからチキンに変えてもいいんじゃないかという考え方は出来なくなっていることに気づきました。メニューが私のイニシャチブをとっていると思

ゆで卵とグレープフルーツが中心のダイエット

います。

そして逆なことのようだけれどこのような私の精神的な弱さが、私をがまんのならない過食にひきずりこんでいるとも思います。

あと数日です。どうなることやら、私にもわかりません。

（卵ダイエットメニューは、卵をたくさん食べます。体に悪いかも知れませんので、ここで紹介しないことにしました。一例として三日目の一日のメニューを書き出してみました。）

朝食　ゆで卵一個、グレープフルーツ、コーヒー

昼食　野菜サラダ、グレープフルーツ、トースト一枚、コーヒー

夕食　ゆで卵二個、羊の肉、セロリ、トマト、酢漬け野菜、コーヒー

食べものと気持よく

今私が読んでいる本『ぼくの僧堂物語』(村越英裕著、鈴木出版)によると、修行僧は朝食に粥《かゆ》とタクアン、昼食にはご飯(麦入りの時もある)と汁と煮もの、夜食は雑炊と煮ものを食べているのだそうです。昼食がうどんの時もあり、うどんはご馳走なのだそうです。

逃げるものは食べないということで動物は食べない(卵は年に何回か供養したものであれば食べることもある)。そこで煮もののだしもこぶと干ししいたけでとるのだそうです。さっき『パスタ・ピッツァ』(M・アルベリーニ&A・アルティィーニ著、三洋出版貿易)の料理の本をペラペラとめくっていましたら、聖ジョバンニーノのスパゲティというのがあって、トマトとアンチョビとにんにくとケッパーとバジリコでつくるソースであえたスパゲティ、解説に、味にうるさく好きでつくって食べたというより手近にある材料でつくることしかできない清貧にあまんじていた聖人ジョバンニーノのスパゲティと書いてありました。

日本の修行僧は魚肉も食べませんから、アンチョビが食べられる聖人はまだよい方かも知れません。

ただし、日本のお坊さんも修行をおえると、いろいろ召し上がっていると思います。戦後の食べもののない時代に大きくなった私には、今食卓に並ぶ食べものの前で、夢みたいだ、と思うこともあります。また、こんなぜいたくしていていいのだろうかとも思うことがあります。買いおきをつめこむ冷蔵庫の中で使いきれなくてくさらせてしまったものが出て、捨てざるを得ない時の後ろめたさ、いつかまた食べものに困った時、捨てたことを悔やむかも知れないとも思います。

食べものに対するこだわりを捨てたいとは思いません。こだわりが値段の高い高級品ではないだけです。

前にも話しましたが、私は一匹百円ぐらいのいわしで料理をつくります。聖ジョバンニーノのスパゲティよりも、もっとシンプルなにんにくととうがらしとオリーブオイルだけのスパゲティをつくります。

先日大切なお客様を招待して食べていただいたメニューは、トマトとモッツァレラチーズのサラダ、いんげん豆とツナのあえもの、なすのにんにくソテー、生しいたけのにんにくソテー、赤ピーマンのアンチョビ入りマリネ、さばの香草オーブン焼き、牛舌《ぎゅうタン》のマデラソース煮、レタスのサラダ、パン、チーズ、コーヒー、紅茶、ティラミス、果物でした。一日がかりでつくりましたが、大切なお客様に出すメニューじゃなかったかも知れません。別にケチッたわけではありません。日頃高級な材料には馴《な》れていませんので、こうなっただけなのです。上等の鯛《たい》や鮃《ひらめ》やヒレ牛肉を調理する腕を持ち合わせていないからです。もし馴れない材料で気張ってつくろうとしたら、緊張してまずいものしかつくれないにきまっています。まあまあの味で食べていただくには馴れた材料が一番と思っています。

たぶんこれからも私の食べものに対する考え方は変わらないでしょう。なにしろ育ちが貧しいからです。もしかしたらもっとシンプルになっていくかもしれない予感さえします。修行僧とまではいかないとしても、考え方は近づいていくのかも知れないナとも思います。

6
買物

買物

　夕方になると、今夜は何の夕食にしようかナ？　と仕事をしながら思います。朝冷蔵庫の中味を確かめて、こんだてをきめてあっても、もう一度考えなおします。そしてそばにあるいらない紙、下描きにしたうす紙やら、メモノートやら、すてる袋やらに、書き出して、ついでに絵も描きます。絵といっても、お皿の上にぐにゅぐにゅと惣菜風《そうざいふう》を描いて、これは何、これは何々というふうに大きな字で書き入れるのです。

　家に帰って冷蔵庫を開けて、じゃ今日はこれとこれをつくろうというふうには、いきません。不器用ですからパッパッときまらないのです。それに足りないものがあったら困ります。

　実は今夕方の五時二〇分すぎです。自宅の冷蔵庫には食料はあまり入っていません。もらいもののかんづめのソーセージと、あたたかいじゃがいもサラダと、なすのマリネ風と、にんにくと唐がらしとオリーブオイルのスパゲティにするか、と朝思って仕事場にきましたが、牛乳も明日の弁当のおかずも明日の朝のパンも果物もきれています。やっぱり買物に行かなくてはならないナと思います。

　スーパーマーケットに行くと、その日必要な食料品だけを買うことが私には出来ません。そうしようと決心して行っても、よぶんなものを買ってしまっています。そのよぶんなものが、いつか役にたつこともあるんですが、スーパーマーケットで買物をすると、いつも予算オーバーになってしまいます。

　魚屋、八百屋、肉屋、乾物屋、豆腐屋が、昔のように町の商店街に並んでいれば、本日のメニューだけの材料を買うだけですむのに、と思うこともあります。

　使いきらないで残っているスーパーマーケットでついでに買ったもの、きくらげ、ひじき、さくらえび、時間がたちすぎて捨ててしまわなければならないものも、多いのです。

　たくさんの無駄をしているくせに、私は自分でケチだなと思うことがあります。スーパーマーケットで一万五千円程の買物をした日には、さてこれで三日は間に合うかナ、と袋から出す時に考えていますもの。それらが三日間の食料になってしまうと、大変満足をします。三日めに買物に出かけていって、またたくさん買ってくると、反省します。一日分計画どおりにいかなかったことが、悔やまれます。

　食料品の買物が好きです。スーパーマーケットをはじめ、デパート、専門店にいくと、絶対に何かを買って出てきます。どうしても必要なもの以外のものを買ってしまうことは多いし、でもそれを買うことでストレスを解消していることも知っています。矛盾しているんです。無駄な買物をしてしまってもったいない気持をかかえこむくせに、買物をすることでストレスを解消しているという。

お正月の買いだめ

お正月の前に主婦は正月中の食料品の買いだめをしなくてはなりません。これはなかなか大変なことなのです。何故《なぜ》なら生鮮食品は七日ぐらいまで手に入らないこともあるからと、来客用の食料品まで確保しなければならないからです。

お正月は来客なしときめた今年は、それでも元旦《がんたん》に子供の友人と五日に一人暮しの女の友達を迎えました。二人とも家族同様の食事でよかったし、女性でしたから、気をつかわなかったので、楽でした。

買物に出る前に、正月のこんだてをつくりました。一日のおせち料理、二日目三日目四日目の食事、五日の友達との食事、それらをどうするか、こまかく書き出しました。そして買いこんだ食料品、八日の現在冷蔵庫と冷凍庫には、スモークサーモンの半分、ブロックのステーキハムの半分、塩から一びん、かつおの酒盗《しゅとう》一びん、とりのぶつぎり三パック、とりのもも一パック、生ハム三パック、スモークタン二パック、フランクフルトソーセージ二〇本、レバー一本、卵一五個、にしん二パック、すぐきと大根のつけもののパックのまま。野菜は玉ねぎやいも類が残ってしまいました。もちろん、きゅうりやしいたけやさやえんどうも残っていますが、困る量ではありません。

五日の友達のためのこんだては、大根と牛肉の煮たもの、小鯛《こだい》のささづけ、スモークサーモン、ほうれん草と春菊のごまあえ、銀だらの粕《かす》づけの焼いたもの、ごまめ。家の外に出してあった野菜の中で、大根だけはふにゃふにゃしていて使いものにならず、五日の日に近所のマーケットで大根を買い足しました。五日ぐらいになると生鮮ものが出まわることを今年知りました。暮れにほうれん草をゆがいて、切って水をしぼって、ラップに包んで冷凍しておきましたが、そんな必要もないことを知りました。

それにしても冷凍庫というものは便利なものです。肉類、ソーセージ類、パン類、煮た野菜類の保存のために、今年のお正月程有効に使ったことはありませんでした。

さてお正月の出来あいのおせちの広告に十七万円というのがありまして、私はびっくりいたしました。えびの数からすると五人前でしたが、一人前三万四千円ということになります。一人前五万円也《なり》の食事を料理屋でいただいたことがありますが、高価な器とつきっきりのサービス、それにあたたかなものはあたたかく、生ものはよりすぐってあり、満足をいたしました。お正月に数日前につくったおせちを三万四千円でいただく気には私はなれません。もったいないもったいないといいながら、手づくりのおせちのための買物をしたのでしたが、何日分かの買物のため、やはり十万円程の食料品を買いこみました。それにしても八日現在先に書き出したような食料が残ってしまっているわけですから、やはり手づくりは安いことになるのです。

買物は近場がいい

仕事場が代官山だった時は、昼食後に夕食の買物をすることがありました。歩いていける恵比寿《えびす》と車でいく渋谷と青山。

恵比寿は昔っぽい小さなマーケットがある庶民の街です。やたら大盛りの野菜を売る八百屋、種類は少ないけどよくよく見るとよいものが手に入る魚屋、田舎大福《いなかだいふく》がおいしいめし屋を兼ねたもち菓子屋、手づくりが形に出ているあぶらげを売っている豆腐屋。とびっきり上等を売る店屋は一軒もない街だけど、それがうれしい街でした。

車で行く渋谷は、東急プラザの下にある市場でした。買物客も多いけど店が広いし品物が多いから私、カーッとなって冷静に品選びが出来ません。魚、野菜、果物、乾物、肉、干魚、加工品を売っていますが、私は魚類と野菜類と果物類しか買いませんでした。渋谷市場と呼ばれている売場です。庶民のための店です。ここでも特別においしい上物を売っているわけではありませんが、値段で納得させています。ここのファンは知り合いにもけっこういるようでした。

私は塩ざけの中辛、大トロのまぐろ、さばやえびを魚売場で、無袋ふじりんごは果物売場で、しいたけやちんげん菜やトマトやきゅうりやなすは野菜売場で買っていましたが、通りに停《と》めた車まで買った品物を一人で運ぶのが大変なくらい一度に買ってしまうのでした。

西武デパートの地下にある生パスタもよく買いました。ルノートルのサムライというパンも好きでした。ここのつけものも、おいしい時季ものをねらって買いに行きました。渋谷のような街では、ビル自体が運営している食料品店か、デパートの食料品売場になってしまいます。住宅街なら住人のための食料品屋もあるでしょうが、大きな街のまん中ではのぞめません。

青山は大通りに面した建物は、ほとんど会社か店舗です。一本裏に入るとちまちまとした住宅が並んでいます。ですからそのへんには魚屋も八百屋もあるのでしょう。私はもっぱら紀ノ国屋というスーパーマーケットに通いました。村上春樹さんの小説によると、調教された野菜たちが買えるんだそうです。選ばれた野菜達と私は解釈します。年の暮れに紀ノ国屋で野菜を買うと、正月中冷蔵庫の中でくさらない野菜なんだそうです。以前に代官山に住む友人がそういっていました。

私にとっての紀ノ国屋ならではというのは、野田岩の冷凍うなぎ、生ハーブ類、カルピスバター（成城石井というスーパーマーケットでも買える）、甘口塩ざけ、生ソーセージ、デリカテッセンのハム、ザワークラウト、スモークサーモン、バゲット、ベーグル、サンドイッチパンぐらいでしたでしょうか。もちろん買物に行きますと、牛乳や肉や野菜や果物を買うのですが、特別紀ノ国屋で買わなければおいしくないものとは思いません。

青山のレストランキハチの地下の食料品売場、ここはなかなか好きです。ピッカピカのいわしを買いましたら、魚屋に出るいわしとはちがうといわれました。今朝横須賀《けさよこすか》にあがったのを直接ここに運んできたからというのです。ものはためし、夕方料理してみてわかりました。うろこはしっかりしているし、胴はぷっちりかっちりしているし、手で開いても手に魚くささが残りません。もちろん魚もくさくはありません。フライパンで焼くのと、生で食べるのに分けましたが、うん、おいしい。

ここでびんづめのいかの塩からも買います。魚はもちろんいいけれど、野菜は有機栽培品、卵もまたいいのです。肉以外の生ものは青山あたりではここがおすすめです。ただしお値段は上です。

中目黒にあるウオツネという店の魚も庶民的値段でよいのです。近頃は足が遠のきましたが、一時はしょっ中寄り道をして買っていました。

代官山から仕事場を世田谷の自宅のそばに移しましたので、青山のキハチと紀ノ国屋に、たまに寄るぐらいになってしまいました。

世田谷の自宅近辺の商店街は、何故かなじめなくて、車で成城まで行ってしまいます。成城の駅前にある成城石井というスーパーマーケット、以前はたしか果物と酒類の小売店だったと思います。紀ノ国屋みたいに高級なスーパーマーケットになって、成城の住人を満足させてます。

ここならではの商品は、ポッジョ・キャンティジャーノ（現在名・オーリオ・トスカーノ）のエクストラ・バージン・オリーブオイル。このオイルを愛用していましたら、それは知人が輸入しているとてもよいオイルだと台所をのぞいた友人にいわれました。スーパーマーケットでは、成城のイシイだけしか扱っていないとか。その輸入業者がイシイに出しているのは外《ほか》にパランドリのスパゲティとバレーナのアンチョビペーストだそうで、するとこれらもスーパーマーケットではイシイだけということになるわけです。

私はここでチーズを買います。紙箱入りのオレンジジュースも、はなし飼いの鶏の卵も、松阪牛のランプのステーキも、ほうじ茶も、魚の切り身も、時々かつおのさしみも、時々天然ぶりのアラや、カマも、おにぎり用ののり、西京づけの銀だら、それにワインとあのドン・ペリニョンのシャンペン、もちろん何かの記念の日に飲むためです。

というようなふうに成城石井で近頃買物をしています。かんづめの安売りの時は買ってきてストックもしています。全体には紀ノ国屋より安いかも知れません。

成城ではあまり他の店をのぞきません。

祖師谷大蔵に、手づくりのハムやソーセージを作って売っている店があります。駅から日大通りをずーっとさがって、横丁を入ったところにエッセンという店があるのです。偶然立ち寄ってみて、気に入って買い続けています。生ハムもパストラミもおいしい。ソーセージもベーコンもおいしい。いちじくの季節になると、生ハムといちじくを食べます。以前はスモークの牛舌があったのですが、おいしかったのに近頃は店に出ません。フランクフルトソーセージは、冷凍にしています。買物に行けない日に使います。ここのレバーペーストも好きです。

二子玉川の高島屋とショッピングセンターとその中にある明治屋にも、よく買物に行きます。

高島屋の地下食料品売場では、コーヒーの豆と紅茶を買います。コーヒーは、銀色の袋に入れて機械で真空にしてくれます。時々ばら売りの卵を買います。たまに野菜も買います。たまーにうなぎのかば焼きも買います。鶏肉はなかなかよいので買います。

隣のショッピングセンターの食料品売場には、専門店の出店が並んでいます。イタリアンレストランのアントニオでトマトソースやアラビアータソースを買います。時々プレーンピザも買います。

明治屋では肉と魚を買います。魚は高いのです。きっと選ばれているんです。肉はあまり高くありません。野菜も時々買います。

今は住いと仕事場が世田谷ですから、成城か二子玉川で買物をしますが、芝白金の方のスポーツジムと目黒にお茶を習いに通っていますから、帰りに寄り道をして食料品を買ってくることもあります。

都立大学の駅のそばに有機栽培の野菜を売っている店を知人に教わってからというもの、出来るだけ野菜はそこで買うようにしています。ズッキーニも赤ピーマンもほうれん草も大根も玉ねぎも人参《にんじん》もじゃがいもも、そこで買います。時々野菜だけでちょっとびっくりするようなお金を払うことになりますが、それでもおいしい野菜が食べたいので、時間を気にしながらも寄り道をします。

ここのピーナツバター、ちょっとあまいけどおいしいの。弦巻通《つるまきどお》りを入ったところにあるパン屋さんの焼きたて食パンにつけてサンドイッチにして食べると、なんとも幸せ。いっとき、これに凝りました。これを食べないと、お昼を食べた気にならないので困りました。この食パンですが、焼きたてはふちもおいしいんです。パン屋さんの名前は覚えられなくて残念。

車で出かけていますから、人からの情報でいい店を知るのと同じぐらい、自分でみつけることも多いのです。

思い出せばちょっとした近所の店まだまだあるかナとは思いますが、仕事の合間に買物にかけずりまわっていますから、主婦の方々のような緻密《ちみつ》な買物のしかたは出来ませんが、ざっと私はこのようなところで買物をしているということを書き出してみました。

毎日の食事の買物は、住いの近辺に限ると思うのです。東京の八王子に住んでいる人が、青山のキハチに魚を買いに出かけたら、行き帰りで一日がすぎてしまうし、せっかくの新鮮な魚もいたんでしまいます。生活のテリトリーの中で食料品を調達する、それが一番よいことと思うのです。北海道のじゃがいも、新潟のかに、京都のつけもの、山口のふぐなんていうような地方の名産は、日常の夕食には関係ないものと思っていいのだと思います。

いくら宅配便が発達したからといって、どこそこの何じゃなきゃまずいってものではないと思います。

普通の食事のために、自分の生活のテリトリーを十二分に活用することが大事だと考えます。

販売もと製造もとから直接送ってもらう食料品

雑誌等の、おいしいもの紹介で知って、電話で注文をして、クール便などで送ってもらう食料品、ものめずらしさもあって悪くはないけれど、その時だけになってしまうものでもあるような気がするのです。

いつだったか知人にもらったすりごま、使ってみて、なかなか便利なので、メーカーに電話をして、一〇袋送ってもらいました。一〇袋を使いきるのに、わりと時間がかかりました。おしまいの方ではあきてしまいました。

また知人のおみやげが炊きこみご飯用きのこかんづめでした。ためしてみると、これがなかなかでした。かんづめのラベルで、販売もとをたどり、電話して送ってもらいましたが、かんづめではなくて、ビニール袋入りでした。でも物は同じであろうとためしてみましたが、何故かナフタリンくさいのです。防腐剤でも入っているんでしょう。がっかり。一〇袋送ってもらったので一〇袋分無駄にしてしまいました。そういうこともあるのです。ちょっと違うけど以前よその家と私の家を間違えてサザエが配達されてきました。注文をした人が私と同姓の大橋さんで、運んできた人が、送り先と間違えたらしいのですが、送り先の名前は書いてなかったので、知らない大橋さんからのプレゼントだと思って、いただいてしまいました。実に見事なおいしいサザエでした。いただいてから、家族とこのプレゼントのミステリーを笑いながら話し合っていて、ふとマンションの他の人に送られてきたものではなかったのかと思いました。次の日マンションの住人に、注文した人の名前をいって、お知り合いにそういう方はおいででしょうかと聞いてまわりました。いたんです。しかも築地《つきじ》の貝類を時々送ってくれるという人がです。うちの家族のお腹に入ってしまったサザエ、今更どうしようもありません。しかたなく別の食べものを買ってきて、あやまりました。で後でよく考えたら、配達人のミスなんだから、私が恐縮することはなかったのでした。

そのサザエがあまりにおいしかったので、中元の贈りものにしようと、築地の店を聞いて、Aさん宅に送ってもらいました。ついでに同じものを事務所にとどけてもらいました。前の味が記憶にありますから、期待して箱を開けましたところ、値段のわりには、ものさびしい中味で、料理してあじわってみたら、ちょっと違うのです。Aさん宅に悪いことをしたと思うような内容でしたが、もうどうにもしかたがありません。もちろん二度と注文はしませんでした。

友人の実家がつくり酒屋ですので、日本酒はそこのものを六本ずつ送ってもらっています。冷やで飲むとおいしいお酒ですので、あまり置いておくとまずくなるとは聞いていますけど、どう頑張って飲んでも半年はかかります。幸いなことに、微妙な味がわかりません。味に変化があっても一向にうちは平気です。

ショッピングセンターの中にあるスーパーマーケットの店先で、魚のつくだ煮風を販売していました。すすめられて試食しましたところ、とても美味でした。特にあゆの子供のつくだ煮風がとてもよかったので、買いました。そしたら、その店で使っているしょうゆも売っていたので、それを買ってきました。商品のパンフレットももらいました。しょうゆは使いきったので、パンフレットにある製造元に電話をして送ってもらいました。これは成功。

いただきものの中に入っている小さなパンフレットのようなもの、おいしいととっておきます。一応いつか注文してみようと思っています。

積極的日曜日

日曜日、午前中スーパーマーケットが混まない時間に、買物をしておこうと思って、車で外に出ました。自由が丘のシェルガーデンの肉はおいしいと友達がいっていたので、自由が丘方面に向かいます。自由が丘にオープンセサミという自然食屋があると本に出ていたのを思い出し、まずそこへ行くことにしました。日曜日の楽しい散策のつもりです。こういうの大好きです。行きあたりばったりが好き。自由が丘の駐車場に車を預けて、オープンセサミに向かって歩きます。しばらく行っていない十一房というコーヒー屋の前を通ります。のぞきこんで歩いていくと、以前に私がやっていたスタジアムという雑貨屋の仕

自由ヶ丘十一房
コーヒー屋さんです。

事をしていてくれたみどりさんが、「アユミサーン」といって中から出てきました。そこで十一房でいっしょにコーヒーを飲むことにしました。

いまみどりさんはフードコーディネーターをしています。フードスタイリストというのかな。雑誌や広告の料理の写真には、スタイリストが参加して、より恰好《かっこ》よくグラフィック的に見せる努力がなされているのが普通だから、みどりさんの仕事も順調らしいのです。もちろん食べものに関しての情報も仕事柄早い。

自然食や玄米食は都会では流行《はや》りなのです。ファッションとまではいかないけれど、感覚的な仕事をしている人達の間ではその傾向が強いのです。みどりさんも玄米食らしい。私がインド料理に凝っているといったら、目黒通りにあるレストランと、豆のカレーを売っているいいマーケットを教えてくれました。

みどりさんと別れてオープンセサミに行きました。昼食時でレストランはいっぱいでした。コーヒー豆とケーキを買って出てきました。

オープンセサミでは一人で食事をしている女の人が多かったのです。メニューは見ませんでしたが、自然食の料理でしょう。日曜日の昼食を一人で自然食レストランでとる女性達。どういう仕事をしている人達なんでしょうか。

さてみどりさんに教えてもらったインドレストランをさがし出して、電話をメモし、豆カレーを売っているマーケットをさがし出して、夕食の買物をしました。なかなかよいマーケットで、充実の日曜日になりました。

情報を多く持っている友人知人がいるのといないのとでは、ひろがりがちがうし、積極的な行動（私の場合はオープンセサミをのぞいてみようと思ったこと）派じゃないと、面白いことにぶつからないと思ったのです。

人に教えてもらった店には
すぐに行ってみる

おみやげ

食いしん坊で、いやしん坊な私は、旅に出ると、おいしそうな菓子類をさがしまわって買い込んでしまうのです。

例えば、伊賀上野では、でっちようかんをみて買いたくなり、これは二日しかもたないといわれて断念したけれど、その店でいがまんというまんじゅうを買って、別の店でかたやきせんべいを買って、別の店で大福を買って、別の店でいちご大福を買ったのでした。

それだけでも私の旅行かばんは重たくなり大津、京都経由の帰り道自己嫌悪をもてあますことになったのでした。

それにもかかわらず京都では駅の地下にあるみやげもの売場の菓子売場をのぞきまわるのでした。まあさすがここでは買いはしませんでしたが。

京都のみやげもの売場をウロウロしているのは、九〇%は女性でした。それも中年女性でした。今頃京都という観光地は、中年女性に大もてで、四、五人のグループの旅行者がわんさかです。

中年の女性達には、私同様家族が家で待っているのでしょう。女の友達も多いのでしょう。みやげものが必要なのです。きれいな京都の菓子をみやげものにしたくなるのです。私もそのうちの一人というわけ。やだなー。(私のいやしさに対して)

旅に出ると何故みやげものを買うのでしょうか。みやげものを期待して待っている家族達のためというのもあるかも知れないけれど、私の場合つきつめて考えてみると、買いたいという自分の気持がみやげもの売場をうろつかせ、必要以上に買いこんでしまうのです。

おみやげもの売場をうろついている方々――あなた方の場合はいかがなのですか？

おみやげいっぱい袋につめているのに、また買いたくなってしまう。

おみやげのつづき

大津に向かう電車の中で、さっき買ったばかりのいせやの大福もちをひろげる。草大福にはこしあん、白大福にはつぶあん。私は草大福を半分だけ食べることにする。ぎゅーとひっぱってなんとか半分にして、食べてみる。少し浅い色のこしあん、やはり砂糖が少なくて、おいしい。なつかしい。昔、私が食べていたまんじゅうの類《たぐい》も、この手のあんだった記憶をよび起こす。紙きょうぎの残りの半分も食べてしまう。おいしい。

家に持ち帰ったいちご大福を夫が食べて、意外な味だなあ、思っていたのとちがう、といって、おいしそうに食べました。夫はつぶあん類が好きで、こしあんや白あんもの、ねりもの類はきらいでした。いちご大福は、生のいちごに白あんがまいてあり、外側はぎゅうひで出来ています。本当は和菓子でも邪道かナ？　という菓子の類です。東京にも売っていますが、うちでは一度も買ったことがありませんでした。この手は夫も好まないと思っていたのにおいしいといったので、びっくりしました。

いがまんという小さなまんじゅうは、一二個入りでしたので、半分は母にあげて、後は冷凍にしました。

次の日、夕食後夫はそのいがまんを食べたいといいましたので、解凍して二個出しました。中のあんはこしあんです。おいしいといいました。これも意外でした。

私は旅行中に太ってしまいましたので、甘いものは食べないことにしていましたけど、そのいがまんのあんは上品な甘さであるだろうと、草大福の味を思い出して、想像しています。

東京に出店している京都や金沢等の有名和菓子では味わえない、素朴でしっとりした伊賀上野の和菓子たち、ひっそりと地方だけで生きている数少なくなった良さを思いました。

私は三重県出身で、高校時代をすごした四日市にながもちという細長いあんもちがありました。当時それを売っている店では、ながもちはたしかぬり箱に並べてあり、欲しいだけ買えるようになっていました。

十何年もたって、久しぶりに名古屋の駅の売店でみつけて、なつかしくてみやげとして買ってみましたが、ビニールの袋づつみに入っていて、あんの味は、下品なしつっこい味になってしまっていて、つくってから日にちがたっているようでした。たぶんあんには防腐剤などが入っているのかも知れません。

それでも家族達はこのながもちが好きで、仕事で関西にいくと名古屋駅で買って帰ることにしていましたが、大量生産になった菓子類の味の運命を、伊賀上野のまんじゅうなどと比べて、あらためて知ったのでした。

以前私の息子が京都に友達と行って、身のほど知らずに柊屋《ひいらぎや》に泊まりました。夕食と朝食に感激して帰ってきて、お母さんの味より濃かったと申しました。柊屋では東京方面の客も多いので、あまりうす味にはしてないと、仲居さんが話してくれたそうでした。

そのよその地方の人の舌にも合うようにつくりかえられていく地方の味、近頃ではそれが普通なのです。だから、京都や金沢のそれらしい味は、その土地の人がきょうぎに包んでもらう菓子類で、小さな名もない店のものにしかないのではないかと思うのです。

交通の便のよくない伊賀上野という街は、観光客でごったがえしてはいない、故に土地の人達の生活の中で生きている食べものもまだまだ多いのだと思いました。

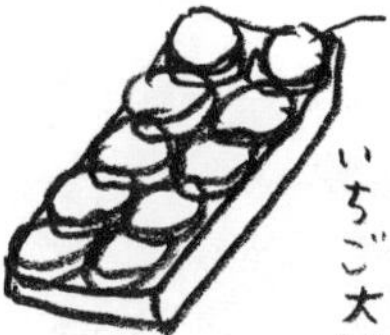

伊賀上野の
うすピンク色の
いちご大福

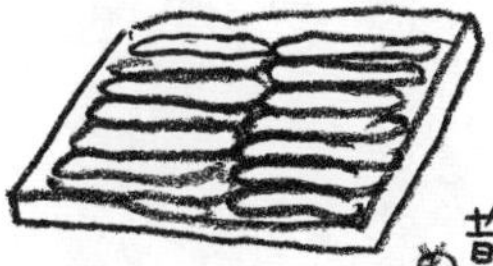

四日市のながもち
昔は店のウインドーの中の
ぬりの竹箱に入っていて
それを買いました。

今駅で買うとビニール
みたいな袋に一個ずつ入っ
ています。

7　台所とダイニングルーム

大好き台所

私の家は'84年に建てなおしをしました。以前の家は木造で'67年に建てたものでした。断熱材が普及していない時代の家でしたから、すきま風が入ってくるので、冬は暖房費がかさみました。もちろんアルミサッシは使っていませんで、木のわくのガラス戸でした。アルミサッシは風情《ふぜい》がなくて嫌いでしたから、すき間風ごときでアルミサッシに変えようなんて気は一度も起きませんでした。

家の外壁は木の板を横張りにした南京下見張《なんきんしたみは》りで、白いペンキ塗りでした。家の中は、一階が一五畳ほどのリビングダイニングルーム、台所、風呂、トイレ、夫の仕事場になっており、二階は母の部屋、私達夫婦の寝室、子供部屋になっていました。

L字型のリビングダイニングルームがなかなか心地よいスペースでした。昔の一枚板(合板じゃない)張りの床も、年月を経て落ちついた雰囲気でしたし、壁はしっくいで出来ていましたから、不満はありませんでした。ただ台所が狭くてその上あまり能率のよくない構造になっていましたから、なんとか解決をしたいと考えていました。狭い敷地にめいっぱい建っていましたから、伸ばすということも出来ませんでした。

そのへんの不満がこうじたこともあって、とうとう建てなおしをすることにしたのでした。

現在の私の家は三層になっています。半地下が一階で二階と三階になっています。コンクリートの家にしましたから、三層にできたのです。母は二階の一部に住んでいて、一応入口も私達のと別にしました。小さな台所とバスルームと六畳の部屋になっています。家の中で行き来が出来るドアがついていますから、私達が留守の昼間、友達と私達のリビングルームで会っているようです。

母の小さな台所で母は自分の食事をつくります。私達のは三階の台所で私がつくります。三階はリビングルームとダイニングルームと台所になっています。台所は細長くて、わりに広い（長い）のです。流しは日本のＩＮＡＸのほうろうで二槽です。ほうろうというのは鋳物《いもの》にほうろう加工をしたものです。堅いのです。陶器やガラス器をぶつけていくつ割ってしまったか。

ガステーブルはボッシュです。オーブンもボッシュです。ガステーブルは火力に問題があるのと、汚れをおとすのに手間がかかって、これも問題ありです。皿洗い機はやはりドイツのバークネヒトです。日本の器は並べにくいのと、器の糸底の中に水がたまって、結局フキンでふきなおさなくてはならなく、洋皿をたくさん使う来客の時しか使用していません。

冷凍冷蔵庫もバークネヒトで、細長い形をしていて、半分上が冷蔵庫、半分下が冷凍庫になっています。六年もしないうちに冷凍庫が機能をしなくなって、新しいのを入れました。

ここまでが細長いカウンターの下とその端に配置されています。反対側はサービスカウンターがあり、その上下と横は食器入れと炊飯器や電子レンジの収納棚です。また洗濯機と乾燥機も仕組ませてあります。

さて、私の家の台所をのぞかれる女性のお客さまは、いい台所ねえ、とおっしゃいます。たしかによく出来ています。ただドイツ製の機械類は、見かけだけで、問題ありです。

毎日朝と夕方二回は食事づくりに使う台所です。問題は少ない方がよいのです。

まだ出来上がっていないのですが、熱海に仕事場を建てていまして、そこの台所は、ガステーブルもオーブンも洗濯機も日本製にしました。流しはステンレスです。皿洗い機はやめました。冷蔵庫だけが外国製です。日本製は今ひとつ形とパネル（ドア）の素材がうっとうしくて好みません。シンプルじゃないのでとにかくうっとうしいのです。道具は素朴な雰囲気の方が好もしいと私は思っています。機能性は無視しました。多分日本製の方がトラブルが少なくてよいと思います。今度は丸元淑生さんおすすめの（本の中で）エレクトロラックス社のにしようと思いましたが結局バークネヒトにしてしまいました。

熱海の家には二つ台所をつくりました。一つの台所は一階の土間にあります。土間にテーブルをつくりました。そのテーブルの上に小さな流しとガステーブルをくっつけてもらいました。小さな冷蔵庫は収納庫の中に入れました。テーブルでお茶をする時、その台所が役に立つという考えです。靴をぬがないでもお茶を飲んでもらえたらよいなという考えの、来客用台所です。一階にはゲストルームのつもりの日本間をつくりましたから、そこに泊まる友人にその台所を勝手に使ってもらおうという気もあります。日常の台所は二階のプライベートの部屋にあります。

昔、狭い台所を母と共有していたことがあります。というか母が主になって台所仕事をしていたのでした。朝食と子供の弁当は、朝私がその台所でつくっていましたが、夕食は仕事場に出かけている私のかわりに、母がつくってくれていました。母は料理が上手でした。仕事を持っている主婦の私は母のつくる夕食に感謝していました。

でも私はわがままで、私のやり方で台所を使いたいと思うのでした。整理や配置やいろいろ。共有だとそういうわけにはいきません。特に大事な夕食をまかせている母は、台所を専有しているのも同然でした。いつか自分の台所を持ちたいというぜいたくな気持がありました。そこで建て直しをする時に、母の台所、私の台所をつくったのです。二世帯の食事にするのは不経済ではありますが、食事をとる時間帯が違っていることと、ひとつの台所にすると母を夕食づくりの仕事にしばりつけてしまうという事情もあって、私の家では良策でした。

私は私の台所をお掃除のお手伝いの人にもさわらせません。どうして？　と思われるでしょうね。私は私のやり方で台所とかかわっていたいからです。

ボッシュの汚れのおちにくいガステーブルをせっせとみがいていると、夫があきれます。ぴかぴかになったステンレスのガステーブルをながめてニッと笑っている私を見て、夫はあきれています。どんなに大変でも他の人にみがいてもらおうなんて私思いません。

熱海の家に二つ台所をつくったのも、自分の台所を確保しようと思った私のわがままからなのです。多分来客は多いだろうと思うし、泊まっていく人も多いだろう。そういう友達はみんなごく親しい人にきまっているのに、どうぞ下の台所で好きにやってくださいよと、私は冷たいのですよ。

台所に関して何故こんなにこだわるのか、私にもわかりません。多分台所が好きなんです。台所という仕事場がとても好きだから、自分だけの場でなければならないと思うのでしょうね。私の台所での助手は夫です。夫は台所で食器等の洗い役です。夫は台所を自分の仕事場にしようなどとはぜんぜん思っていません。つまり料理を作ったりしようなんて思っていませんから、私は心配がないのです。

開けたところ
シンプルなバーク・ネヒトの冷蔵庫
冷凍室

調理道具

調理道具も近頃はいろいろと便利なものが出てきているので、うれしい。電気調理器で一般化しているのは、炊飯器、トースター、電子レンジ等です。私のうちではボッシュのガスレンジを使っていますので、魚焼き器がついていません。ですから電気魚焼き器を使っています。あとジューサー、ミキサー、あわだて器、湯わかし、コーヒー豆ひきを使っています。省エネルギーの気持があるのに、便利な電気調理器にたよって生活している現状です。

電器屋さんに行くと、パン焼き器、すき焼き器、鉄板焼き器、もちつき器、コーヒーメーカー、カッター、なべ、卵ゆで器などなどが展示してあります。

いろんな電化製品も実際に使うものは限られていますから、便利そうなので買ってはみたものの、収納場所に困ってしまうことも多いのではないでしょうか。

先日五年ぐらい使っていた電気魚焼き器がこわれてしまいました。早速近くの電器屋に行って、同じものを買おうと、店内をさがしましたがみつかりませんでした。そばにあったパンフレットをめくってみると、同じものが載っています。そこで店員さんに、これが欲しいのですが、といいましたところ、店内に展示してある少し大きくて改良されている製品を指して、あれの方がけむりも出なくてよいのですよ、とすすめられました。でも私の家の台所の棚の大きさを考えると、収納出来ないので、うちはこの小さい方が欲しいのだといいました。大きさだけではなしに、この手のものは余計なものがついていない方が清潔に保ててよいことを知っていましたから、なにがなんでも小さい方が欲しかったのでした。

在庫を見てきますといって裏に引っこんだ店員さんは、すぐにもどってきて、今のところ展示してある種類のものしかない、といいました。じゃ取り寄せてください、といいますと、いえ、お客さん、あっちの方がいいんですよ、さんまだって焼けるし、においもしないし、としきりにその種類をすすめます。いえね、でもうちはこれが欲しいんです、とパンフレットを指していいますと、いやーな顔をして、また裏に引っこんで、箱を持って出てきて、奥の方だったからさっきはみつからなかったといって、これです、といいました。少しでも値段の高いものを買わせようとしているふうにしか受けとれない態度に、ちょっとムッとしました。でもまあそう腹をたてる程のことでもないのでだまって買ってきましたが、物を買う時売る側と使う側の事情が違うので、この手のささやかなトラブルもなくはありません。

私のうちでは魚焼き器のもとの棚に新しい魚焼き器をしまえて、ほっとしています。新しい調理器具を買う時、どこにしまえるかが一番問題です。私は台所の調理台を道具置きにしたくありません。時々よその家の台所をのぞかせてもらうと、どこで調理するんだか、物だらけで、まるで倉庫のようで、びっくりいたします。私はしまう場所がなければ買うのをやめにするぐらいの気持があります。

そんなに気をつけているのに湯わかしのポットがうちの配膳台《はいぜんだい》に載っています。便利というのはわかっていたけど、置いてしまえる場所がなかったので、長いこと買わないでいましてきました。本当はいらないとも思っています。お湯が欲しければケトルでわかせばよいのですから。来客のたびにケトルでわかしていると、お茶を出すタイミングがずれてしまうことがあります。それを夫が嫌いまして、夫のすすめでポットを買ってしまいました。

なしでもすませるような電気調理器はなるべく買わないことです。私の友人で電気炊飯器を使っていない人もいます。ご飯はなべで炊けば炊けるのです。今の人はご飯は電気炊飯器でしか炊けないと思っているかも知れませんが、なべで十分おいしいご飯は炊けるのです。電子レンジというものも値段や大きさの割には十分活用されていない家庭も多いんじゃないのでしょうか。私のうちでも、解凍とあたためと、ポテトの調理ぐらいにしか使いません。電子レンジを持っていない友人も多いです。なくても十二分においしいものがつくれますから。

火があってなべがあれば調理は出来ます。先日キッチンサイエンスというところの改良なべを買いました。沸騰したら平らなところに置いておくだけで調理が出来るという、不思議ななべという雑誌の紹介に、とりあえずためしたくなり買いました。

まず一カップの洗った米に四カップの水を入れて、二〇分おいて火にかけ、沸騰して三分ぐらい煮て火からおろし、平らな配膳台の上に置いて二〇分待ちましたら、炊きたてのおかゆが出来ました。次に玉ねぎ、人参《にんじん》、じゃがいも、セロリ、キャベツを一・五センチ角に切って、スープのもとを水にといて、ひたひたより多めのほどよい味のスープといっしょになべに入れ、火にかけました。おかゆと同じようにして、今度は沸騰したらすぐに火からおろしてほっておきました。半日ほっておきました。

煮くずれないままで野菜達は野菜スープに出来上がっていました。くずれないことでこくがないようなさっぱりした味になっていましたが、それでもそんなさっぱりしたスープだと思えばおいしく出来上がっていました。

なべを買う時に発明者がそのなべについて書いた本も送ってもらいましたので、その本の中の帝国ホテルの村上さんというシェフのレシピを見て、シチューをつくってみることにしました。これは本のとおりにはいきませんでした。というのは水分が蒸発しないので、べしゃべしゃしたスープの中に肉や野菜がしずんでいるという感じで、おいしそうではありません。水分だけ別のなべにとって、煮つめてもどして、もう一度火にかけて、沸騰させておろして、おいておきました。そこで半日待って、食べる前にまたあたためて食べてみました。肉も野菜も決してやわらかくはありませんでしたが、お味は上々でした。本に書いてあるより二回多く火にかけました。

それからラタトゥイユをつくることにしました。米なす、赤ピーマン、ズッキーニ、たまねぎを別なべでいためて、かんづめのトマト水煮といっしょになべに入れて、塩こしょうをして、火にかけ、沸騰して少し待って、おろして、半日おいておきました。シチューの時と同じように、トマトの水煮のジュースと野菜から出た水分でべしゃべしゃです。水分だけ別のなべに移して煮つめてもどしました。それをまぜてそのまんまおいておきました。食べてみましたら、まず野菜達が煮くずれていないこと、それから野菜の風味がおちていないこと、今までになくおいしいラタトゥイユだったことでした。

このなべは蒸発しない水分が問題なのです。後で煮つめるならば、別にこのなべにすることもなさそうなのですが、例えばシチューを普通のなべで煮ているとにおいがしますね。それがしない。本に書いてあったのですが、煮ている時の材料のにおいは、材料の味を減らしているんだそうなのです。煮つづけないことで、材料の風味が外に逃げ出さないようなのです。だからおいしい。その点でいえば、とてもすばらしいなべということになります。

次に一晩水につけたいんげん豆を煮てみました。半日おいてなべをのぞきました。ひとつつまみぐいをしてみました。食べられないわけではないけれど、まだ煮たりないのです。そこでもう一回同じことをして半日おきました。やわらかく煮えていました。

新しいなべも使い馴《な》れることだと思います。今のところの私の実験では、朝煮ておいて、仕事に出かけて、帰ってきてあたためて食べることの出来るこのなべは、一応使い方しだいだといっておきましょう。

私の家では普通のステンレスのなべと無水なべ（多層構造なべ）を使っています。無水なべはまだ使い馴れていません。他のところにこのなべでの失敗を書きましたが、まだ今ひとつ便利というところまで使い馴れていません。

　今から二〇年ぐらい前に、ある人が水のいらない、重ねて使うと上でも下でも調理の出来るなべを三十万円で買ったといううわさを聞きました。私はその本人から聞いていませんでしたから、そーんななべがあるはずないと思っていました。でもそのなべが無水なべだったことを近頃知って、私は二〇年もおくれているなあと思います。

　この無水なべ、アメリカの製品ですが、近頃日本でもまねをしてつくって出しています。日本の製品は使ったことがありませんから、どれだけアメリカ製品に近いか知りません。とりあえず、煮つづけない改良なべのテストの次に、無水なべを使い馴れてみるつもりです。

冬は野菜が
おいしい。

なべ—ビタクラフト

アメリカ製のなべで、ビタクラフトというのがあります。無水なべともいわれていて、なべの構造が、普通のステンレスのなべのようではなく、多層構造になっているらしいのです。

野菜などは水を使わないで蒸すので、栄養素が溶けにくい上に短時間でやわらかくなり、しかも火かげんは中火か弱火ということで、これは省エネルギーになるわけで、私は何万円もするそのなべを買いました。深いなべと、片手なべです。もう三年ぐらい前になりますか。

ところがです。一向に活躍させられない。というか使いこなせない。毎日つくる料理は、ついつい今までどおりのやり馴れた方法にあまんじます。水のいらない（または少しの水で）料理するなべに馴れないのです。

ある時、来客用の筑前煮《ちくぜんに》を煮ようと思い、普通のなべに用意しました。ところがなべに入りきらず、ビタクラフトの深なべに移して煮はじめました。野菜の分量も調味料の分量も普通なべのままです。ビタクラフトを使い馴れている方はよくごぞんじでしょう。普通なべに比べると水分は煮つまっていかないのです。ですから味がうまく野菜にからまないのです。それで大失敗。

そのことを十分知っているのに、何ヶ月も後で、肉を煮こむのをそのなべでやってしまいました。やっぱりうまく出来ませんでした。

丸元淑生さんの『クック・ブック』という本を読んでいて、思いついてビタクラフトのなべに馴れてみることにしました。まず野菜。ほうれん草はすばやくゆでることが出来ました。さやえんどうは、こげがついてしまい失敗。ブロッコリーは多少かたすぎてまずかった。

もっと知りたくなって、ビタクラフトのなべを買った時についてきた料理手帳を見て、料理のコツを覚えればよいと思いました。でもその料理手帳のメニューが気に入りません。そこで丸元さんの『新家庭料理』（中央公論新社）、『続・新家庭料理』（同社）を買いこんで、レシピにそって使い始めました。

丸元さんの『クック・ブック』を読んでファンになった私は、『いま、家庭料理をとりもどすには』（中央公論新社）や『丸元淑生のシステム料理学』（文春文庫）などを読みしっかり丸元党にかたむいてしまいました。その上、カラー写真入りの二冊の料理本は、多層構造なべの使用ノウハウを越えて料理内容のよさゆえに私の料理の基本書になってしまいそうです。

最近ビタクラフトの小さなフライパンを足しました。今の片手なべのフタになるように考えました。家庭料理なら、何種類もそろえることはないと思います。ほうれん草をボイルするにしても、長い間なべに入れておくと、たとえ火からおろしてフタをとった状態でも、加熱が進むのです。だから、なべは洗って次の料理に使います。私はずん胴タイプのなべでスープをとったり、スパゲティをゆでたりして、片手なべで野菜等のボイルや煮ものをします。来客の多いうちでは、料理の分量が違ってきますから、家族用と来客用のなべが必要かも知れません。うちでは三人家族にプラス三人客をよんで六人でテーブルをかこむことが多いです。というのもダイニングテーブルが六人用で、グラスやフォークナイフや皿のそろったのも六人用しかありませんから。近頃はビュッフェ式の多人数のパーティはしません。ですから家族用のなべで十分来客時も間に合うのです。

ビタクラフトを使う前にステンレスの片手なべを使っていました。それらも合わせて使います。小さな片手なべで味噌汁《みそしる》をつくります。二人（夫婦）の二切れの魚を煮ます。あぶらげの湯どおしにも使います。小さいもの、少ないもののボイルや煮ものに使います。大きい片手なべはたくさんの煮ものに使います。

道具は使いやすいのがあればよいと思っています。多ければ上手に出来るものでもありません。台所に使いっぱなしのなべがたくさんころがっていたら、仕事がしにくいのです。使ったら皿や鉢にあけて、洗って次のものをつくる。それが一番。

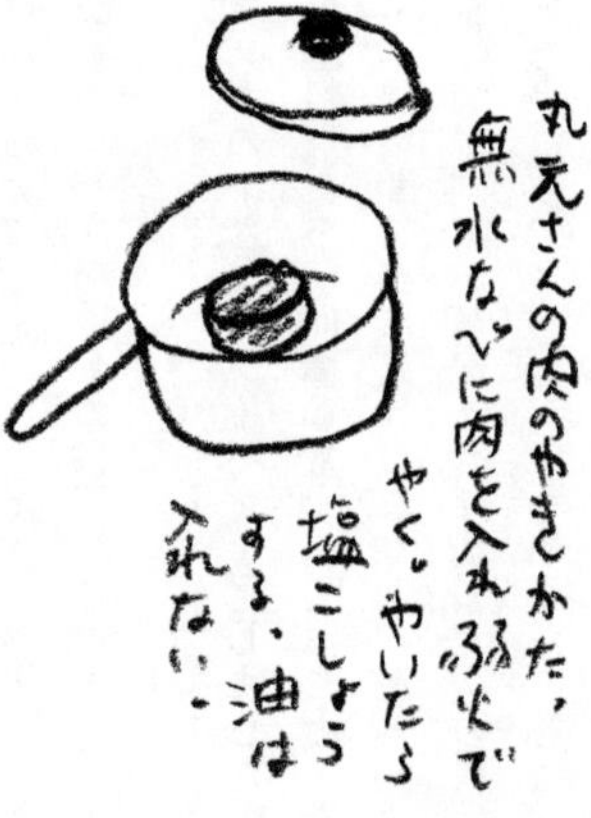
丸元さんの肉のやきかた、
無水なべに肉を入れとろ火で
やく。やいたら
塩こしょう
する。油は
入れない。

改良なべのつづき

大失敗！　改良なべでピラフがおいしく出来るというので、昨日は、『新しい暮しの味』（ＧＫショップ編集、キッコーマン醤油《しょうゆ》発行）の村上開進堂の山本道子さんの、とりと野菜の洋風水煮といっしょに食べようと思ってメニューを考えてありました。

まず水煮のスープは別にしてキャベツとじゃがいものスープにしました。とりは野菜といっしょに皿に盛り、マスタード入りマヨネーズソースを用意しました。実はこの水煮、前日に本のとおりにつくって食べて、まずかったのでした。どこかでつくり方を間違えたらしいのです。とりくさくて、とてもまずかったので、ソースをそえました（前日はパンでいただきました。だから次の日はご飯でいただこうと思ったのです）。

ピラフは玉ねぎとかんづめのマッシュルームでブイヨンの味つけです。

改良なべでピラフに挑戦しましたが、これが見事に失敗、まずい。何故なのか、さっぱり見当がつきません。今まで私の家では、冷凍してある残り飯でピラフまがいをつくっておいしくいただいてきました。

ピラフまがいのピラフのつくり方は玉ねぎをみじん切りにして、かんづめのマッシュルームも適当に切り、固形スープの素を湯でといて用意しておきます。ご飯はチンで解凍しておきます。

フライパンにサラダオイルを入れて、玉ねぎを入れ、よくよくいためます。しっかり透明になったらマッシュルームとご飯を入れて、またよくいためます。よくいたまると、ご飯がフライパンの中でかえしやすくなります。そうしたらスープをじゃーといれて、よくまぜて、出来上がり。

このピラフは洋風の料理の時によくつくって出しますが、まずくはありません。

とにかくその日、私の家のダイニングテーブルの上に、トマトのサラダととりとピラフとスープが載りました。かっこうはついていました。味が悪くて、近頃にない大失敗でした。

さて、だからといってあきらめられません。改良なべについていたクッキングブックの、とりと野菜の煮ものと、ひじきとあぶらげの煮ものに再挑戦。とりと野菜の煮ものはとてもうす味でした。もちろん汁はひじきも同様に煮つめてからまぜました。半日程台所の調理台のところに置いておきました。それから冷蔵庫に入れました。どちらもつくった後で私がいただいた時は、とてもおいしくて、やったわと思ったのでした。次の日の夜冷蔵庫から出して、食べてみると野菜がくさいのです。味つけがうすい上に、生あたたかい状態が長すぎたのか、くさりはじめていたのでした。そこで、この手はすぐに食べるべし、と知ったのでした。

皿ー洋皿

洋皿に関して、私は頭をかかえます。私の使っているのはウェッジウッドのホテル仕様の白無地と、ダンスクのふちの茶色のものです。

花模様がある優雅な皿が似合うダイニングルームじゃありませんで、また美しい料理も作りませんので、ごくごくシンプルで通してきました。

でもこれでいいとは思っていません。特に近頃は、もっと他によいものがあれば欲しいと思っています。こんなのがあったらよいナというイメージはありますが、みつかりません。つくるしかないのです。簡単につくれるものではありませんから、ほとんどあきらめています。

昔、私が若かった時、ほとんど無知だった時、というのも恥ずかしいので長々と弁解をしてしまいますが、ノリタケのふちが金色の白い皿を買いました。金のふちのものはあらたまったディナーに使うものです。幸い二枚ずつしか買いませんでしたので、使わないうちに、どこかにいってしまいましたが、生活に合わないので惜しいと思いません。次に買ったのは、六〇年代に流行《はや》ったブルーダニューブ（ドイツ製のブルーオニオンのコピー）でした。白地にブルーの絵の入ったものです。なつかしい。それにあきてしまって、次はアダム&イヴのふちが丸くなった黄色のものを買いました。これはカレー用に皿だけを買ったのでしたが、すぐにあきて、友人にあげてしまいました。次はアラビアのこげ茶のものでした。今も時々使っていますが、若かった頃はそういったものにお金が使えなくて、四枚しか買いませんでした。このあたりのものはまだ残っていて、大皿は使っています。買い足して使ってもよいかナとも思っています。

だいぶん前、パリで生活をしていた友人の家におよばれをしました。スペインあたりで買ったというやわらかいやきの縁を青くとった白い皿が出ました。粗野で素朴で好きでした。リモージュやきのように、かたくてしっかり緻密《ちみつ》につくられた優雅なものより、やわ

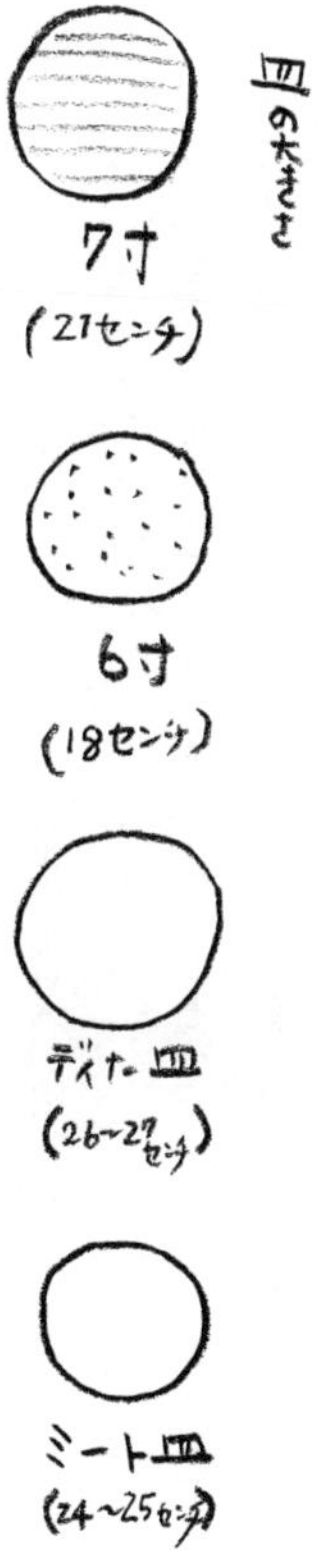

らかいつくりのが今は好きです。そういうのは日本には入ってこないのです。もちろん日本のメーカーはつくらないのです。

テーブルクロスをかけて正式なディナーをいただくことを家ではなかなかいたしません。子供の二〇歳《はたち》の誕生日に、大人への出発を祝って、白のテーブルクロスに白の皿で、キャンドルも白、花も白のディナーを用意しました。お父さんもおばあちゃんも私もよそいきの恰好《かっこう》をしました。帰宅した子供は「もう、うちはすぐこうなんだから」とうれしそうにいって、自分の部屋で着替をして、ちゃんとボータイをしめてあがってきました。待っていた大人達もうれしくて、よかったよかったと心の中で思っていたので、みんなニコニコの楽しいディナーでした。その時のシャンペンはドン・ペリニョンでしたが、その後子供は何かあるとドン・ペリニョンで祝っているらしくて、困ったもんだと思っています。これは余分の話でした。

私のところでは白い皿を使うことが多いのですが、テーブルクロスを色のもの柄のものにし、キャンドルもそのクロスに合わせて、ささやかに楽しんでいます。当然料理の内容もスマートには程遠い家庭料理です。

白い皿はテーブルクロスを選ばないから、とても楽です。

和食の皿を洋食に使うこともあります。粉引《こひ》きの七寸皿は、パーティの時の取り皿として買ったものでしたが、洋食としても使えなくはありません。ミート皿にしては少し小さすぎますが。演出を上手にすれば伊万里《いまり》の皿なども、洋食に使えます。

日本人は和食だけじゃなく洋食中華を家庭でつくります。だから皿などもそろえなくてはならず、なかなか物入りなのです。

聞くところによると、フランスでは結婚祝いを、リスト・ドゥ・マリヤージュという形でするのだそうです。まず結婚する人はお祝いにもらいたいものをきめます。△△のディナーセットときめます。すると祝いをしてあげる方は△△という店に行って、お金を置いてくるのです。そうやってちゃんとしたディナーセットを手に入れます。そしてそれをずーっと使います。メーカーは同じ皿をつくり続けていることが多いので、ひとつふたつ割れても心配はないのです。買い足せばよいのですから。

近頃どこかの店でブルーダニューブを見ました。今でも作って売っているのです。アラビアのものも売っているのを見ました。日本のメーカーのものでも定番というのもあるようですが、流行を追うのが好きな国民ですから、買い足しがきかないものも多い気がします。

什器類《じゅうきるい》はかしこくそろえていくのがよいのです。パッと見できめてしまわないで、若いからといってかわいいのにきめてしまわないで、なるべく長く使えるものと考えてそろえるのがいいのです。いいものを長く使いたいものです。

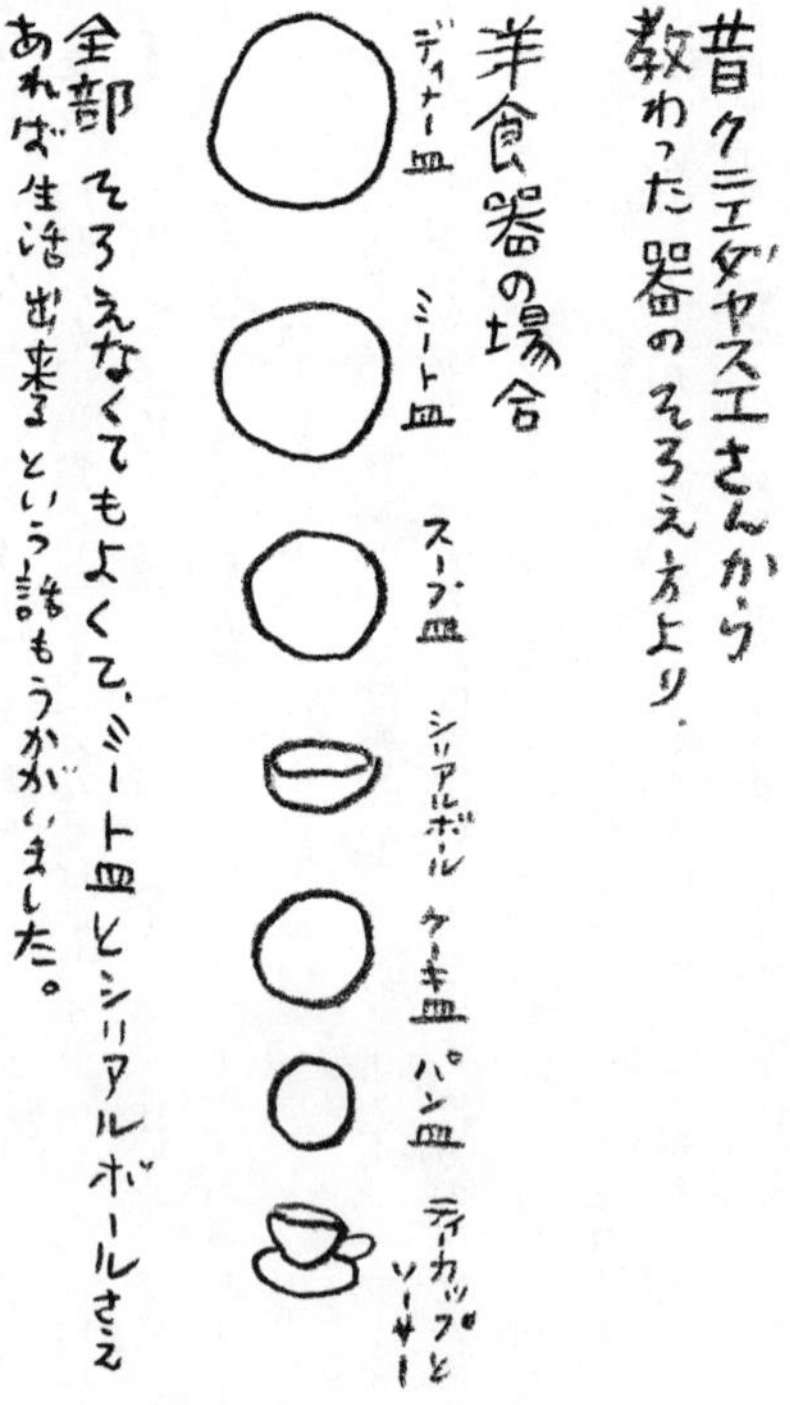
昔クニエダヤスエさんから教わった器のそろえ方より。
羊食器の場合
ディナー皿
ミート皿
スープ皿
シリアルボール
ケーキ皿
パン皿
ティーカップとソーサー
全部そろえなくてもよくて、ミート皿とシリアルボールさえあれば生活出来るという話もうかがいました。

和食器の場合

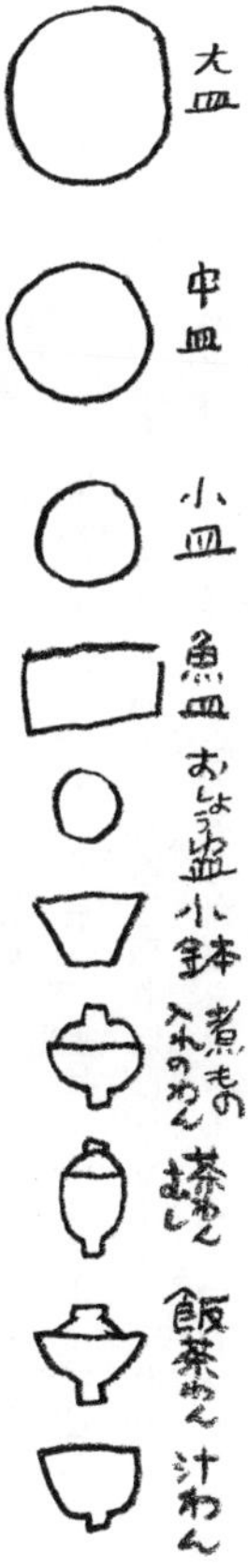

和食器の場合も中皿とおしょうゆ皿と小鉢と飯茶わんと汁わんがあれば十分とうかがいました。

今はクニエダさんのお考えは変わられているかも知れませんが、私はこの話をうかがって、とても強い印象を受けました。

和食器

私が結婚する時に、友人三人のお祝いが、銀座の民芸品の店でそろえてくれた二人分の食器でした。めし茶わん、汁わん（陶器）、とり皿、大皿でした。当時民芸品の陶器が流行りでした。伊万里も粉引きも肥前も志野もあまり一般的ではありませんでした。その祝いの一式で、ずーっと食事をしていました。ひとつ割り、ふたつ割りして、そのうち、バラバラになって、あまり使用しない皿達といっしょに奥深くしまいこんでしまいました。

今は粉引きのめしわんにぬりの汁わんを使っています。皿はその時によって変ります。だいたい六寸の皿です。焼き魚を六寸の皿に入れると取り皿は五寸になってしまいます。夫婦専用皿というものを持っていませんから、その都度ありもので間に合わせています。

やきの堅い磁器もの、有田や九谷《くたに》、または白磁や青磁のものと、やきのやわらかい土ものといわれている肥前や志野や伊賀や益子《ましこ》のものなどがあります。

近所のせともの屋やスーパーマーケットで売っている安いものから、特別な店でしか売らない、雑器（食器は雑器だと私は思っています）とは思えない高いものまであります。

そして大きさもいろいろあります。洋食器のように単純ではありません。丸、楕円《だえん》、四角、長四角、五角形、六角形、八角形、扇面、深さもいろいろです。

それらを全部そろえなければならないわけではありません。基本的にはめしわん、汁わん、茶わん、小皿、中皿、大皿、中鉢ぐらいあれば、生活が出来ますから。自分の生活の中でどんな大きさのものが必要か、よく考えて買うのが一番と思います。

私の嫌いなもの。香典返し、引き出ものの類《たぐい》の食器は、例外を除いてほとんど悪趣味です。毎日の道具は自分の目で選んだ、気分のよいものを使うことです。その手のもらいもので生活しているうちは生活の向上などありえません。

私は原宿のＺａｋｋａで買うこともあります。Ｚａｋｋａの吉村さんが目を通した食器類は、あたたかくて押しつけがましくなく、それでいてしっかりした形を持っています。だから好きです。でも若い人にはお値段が高いので、頑張らないと買えません。九段にある花田には、普通の食器があります。個性を売る店ではないようで、普通の主婦の方達向けでしょうか。六本木と二子玉川の高島屋ショッピングセンターのサボア・ヴィーブルには、普通のものと作家ものがあり、やや好みが強いのですが、普段に使えるものも多いので、買いやすいと思います。

デパートにも出ている陶器屋のは、値段からすると、とてもお手頃です。それに一見、よく見えます。恰好いいんです。ここの食器をそろえている家によばれたら、アラ趣味のよい奥さま、と思うでしょう。でも私は個人的には深みがなくてそう好きではありません。買ってはみたものの、よほどお皿が足りなくならない限り、出してきて使いませんもの。でもお買い得です。くどいようですが、恰好よいのです。ブティックの服みたいです。

作家の個展で買うこともあります。

和歌山の森岡成好さんのや川崎住いの前田正博さんのを買って使っています。

親の反対を押しきっていっしょになった二人がいました。昔のはなしです。アパートの小さな部屋には道具などなくて、ご飯茶わんと味噌汁茶わんと小皿とはしを、新聞紙をひろげた上に置いて、食事をしていたそうです。そんな出発の生活もあります。

ひとつずつ増やしていく。出来るなら、ひとつずつ、きびしい好みの目を通して増やしていくのが理想でしょう。まあまあのところでそろえてしまわない方が、結果としてはよいもので生活が出来るようになるということもあります。今はそろえないと出発出来ないと考えている若者が多いから、生活に個性がないのです。食器は毎日の道具です。自分の好みに合ったもので生活する心づもりは、生活を楽しくするのです。

フィンランド製
アラビア、パラティッシュ
カップの底にも絵が入っていて、うれしい。

インド料理に合うテーブルクロスをさがす

テーブルにインド料理を並べたけど、合うテーブルクロスを持っていないのです。出来ることなら感じよくインド料理をいただきたい。次の日早速さがしまわってアフタヌーンティーでインドのテーブルクロスをみつけました。一三〇×一八〇センチの大きさのものしかありません。私の家のテーブルには小さすぎます。けれど長い方が二一〇センチ（テーブルの大きさ二一〇×七〇センチ）以上ないとテーブルの板が見えてしまいます。一三〇×二三〇センチの既製品なら、大丈夫ですが、この大きさのものは日本には少ないようなのです。もちろんアフタヌーンティーにはありませんでした。そこで同じものを二枚買いました。柄をうまく合わせて両脇《りようわき》でつなぎました。残りのきれでナプキンをつくりました。

さっきそれが出来たので次回は安心。マドラスチェックのテーブルクロスも、なかなかよいなと思います。マドラスチェックは多分インドのマドラスが発生地だと思います。木綿屋でマドラスチェックの布を買い求める前に、手持ちの布をひきずり出してみました。

ナプキンに出来るくらいのマドラスチェックのきれが何種類か出てきました。テーブルクロスを無地にすれば一種類でまとめることもありません。むしろ違ったチェックの方が楽しそうです。

逆に思いきった明るいマドラスチェックのテーブルクロスを使うなら、無地のナプキンもよいと思います。インド料理といっても、インド料理屋をするわけではありません。雰囲気をつくりたいから、テーブルクロスをどうにかしたいのです。

テーブルクロスやランチョンマットやナプキンのような、食卓まわりの布は、日本食には使われてきませんでした。

日本の食事はぬり膳だったりちゃぶ台でだったりでした。脚のついたぬり膳は、私の育った時代には、もてなしの膳で、客用や祝いごと用の食器の収納庫に、深くしまわれていました。子供ごときに脚つき膳を一客分あたえられた記憶は少ないのです。

そして時代が変わって、私の育った祖母の家の習慣も変わって、座敷で客をもてなす事も少なくなり、正月も家族がダイニングテーブルで食事をするようになりました。

ダイニングテーブルと椅子《いす》の時代がきて久しいのです。鉄筋のアパートの時代に入って、畳の上での食事の形態から、椅子に腰をかけて食事をする洋式に変わりました。

二〇歳ぐらいの若者達の脚の伸び伸びしていて美しいこと。あれはあきらかに脚を折って座ることをしなかった人達の脚の形です。朝夕、毎日毎日脚を折って正座をして食事を続けていれば、ひざの部分が出てしまうのは、しかたがないし、脚の伸びもさまたげられてしまうのです。

正座の習慣がついた頃から、日本人の体形は変わってしまったのだと思います。長年日本人の体型をつくってきた生活習慣です。

椅子に座ってダイニングテーブルで食事をとるようになりましたが、家庭ではテーブルの上にじかに食器を並べていました。テーブルクロスやナプキン類は上等のレストランの雰囲気を盛り上げる道具だと思ってきました。

それでもテーブルクロスが家庭で流行った時代があります。今から二五年ぐらい前でしょうか。もちろん今でもその方法を続けている家庭もおありかも知れません。ビニールか布の上にビニールコーティングされたテーブルクロスです。これは布と同様切り売りされていましたから、自分のテーブルの大きさに合わせて買えました。ビニールのテーブルクロスは食卓に雰囲気をつくるためのものではありませんで、テーブルをよごさないためのものとして普及したのでした。ですから、いつもかけっぱなしでした。大衆食堂あたりもその方法を使っていましたから、そのへんがヒントだったのでしょうか。

せっかく木のテーブルを買っても、木肌を楽しまない。テーブルクロスは年中かけていることをしないで、食事時に料理に合わせて選んだテーブルクロスで、食事を楽しむものだと知ったのは、ここ最近のことです。

次に出てきたのがランチョンマットです。これは敷きっぱなしには出来ない小さなものですが、お皿に合わせたり、料理に合わせたりして選んで使えます。ランチョンマットを使うようになって、食卓の上の雰囲気が意識されてきたように思います。

私の家では朝は白、夜は茶系と紺系を使っています。テーブルクロスはイタリア風とかドイツ風の料理の時に使うことが多いです。

アメリカ映画の中で、ピクニックで草原にチェックのテーブルクロスを広げて食事をしていました。へーっと思ったのは三〇年ぐらいも前のことになります。そんなのは映画の中のお話だからだろうと思っていましたが、ニューヨークに住む知人の話だと、ピクニックに行くので用意をして出かけたアメリカ人、途中でテーブルクロスを持参するのを忘れて、おおさわぎになりすでに人里離れた場所まで来ていたのに、マーケットのある街までもどって買い求めたそうです。アメリカ人はテーブルクロスがないと食事が始まらないのだそうです。

確かにテーブルクロス一枚で食事が楽しくなります。やってみればたしかになかなか気分よいのです。

新しいテーブルクロスのかかったレストランでの食事は気持がいいのです。そしてお皿の上に布のナプキンが飾ってあるレストランは上等のレストランだそうなのです。もし紙のナプキンだったら、お値段の心配はいりませんが、のりのきいた布のナプキンなら、値段も高いはずといわれています。

代官山のイタリアンレストランは、肌色がかった赤い土をうすめたような色のテーブルクロスと布のナプキンを使っていました。昼も夜も長年それでした。ところがある日ランチタイムは紙ナプキンになってしまいました。家で毎日布ナプキンを使っているわけではない私達、またナプキンもテーブルクロスも関係のないラーメン屋に出入りしている私、それなのにその店のランチタイムの紙ナプキンにはがっかりしました。初めて布ナプキンと紙ナプキンの深くて大きな差を知りました。ランチタイムには行きたくなくなりました。たぶん評判が悪かったのでしょう。しばらくすると布ナプキンにもどりました。やっぱり布のナプキンは気分がよろしい。

食事をするということは、おいしい料理をあじわうだけではないのです。テーブルの上の景色も味の中に入っているのだと思います。

皿、カップ、グラス、フォーク、ナイフといった道具達も味のうちです。

さて、とりあえずインド風料理の為《ため》のテーブルクロスとナプキンが出来上がりましたので、人をよぶ楽しみをいつにするか、楽しく考えることが出来ました。

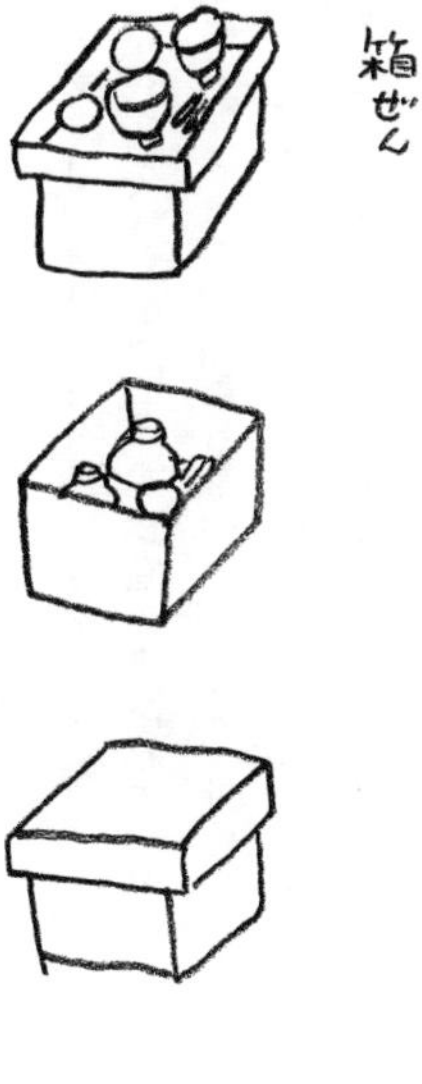

テーブルと椅子

気に入ったダイニングテーブルと椅子をさがすとなると、これが大変むつかしいのです。何故むつかしいかというと、こんなに洋式食堂が普及しているというのに、種類が少ないからです。食べものやレストランや着るものの種類は、世界一ぐらい多いのに、居住まわりに関しては、まだまだです。

種類といってもスタイルの種類ではありません。

スタイルは、民芸風、イギリスアンチック、ヨーロッパアンチック風、北欧風、イタリアモダンファニチャー、ドイツ風、シェイカー風、ラタン、韓国等々、一応日本で手に入れられるようにはなっていますが、ひとつのスタイルにきめてさがすとなると、種類が少なくてとてもむつかしいのです。

私はモダンファニチャーが好きです。カッシーナという店のテーブルや椅子のカタログをもらってきて検討します。

シートハイや背あたりの具合も考えなくてはならない椅子は、形が美しいとか好きとかだけではきめられません。けれど形も美しいものがよいし、感じのよいものが欲しいのです。

たまたま友人達もモダンファニチャーが好きで、少ない種類の中から一応選んで使っていますが、たいていすっごく気に入っているというわけではなさそうです。今も、悩んでいる人がいます。第一候補は内定しているんだけど、あれじゃなきゃというわけではないし、テーブルもみつかっていないので、いいもの気に入ったものがみつかるまで間に合わせですませていればよいとゆっくりかまえています。ゆっくりかまえるか、いいかげんのところできめてしまうかどちらかです。

数年前にダイニングテーブルと椅子を新しいのにとりかえることにした時、イメージはしっかり持っていましたが、それに合うものがなくて苦労と失敗を重ねました。

私の家の場合は、モダンだけれど冷たくないものにしたいと考えていました。仕事場では大理石のテーブルとスチールの脚の椅子を使っていましたから、木のものが欲しいと考えていました。以前も木のものでした。そこでテーブルは「シルバー」という名のシンプルな形のとねりこという材のものをとりよせることにし、椅子はジオポンティのとねりこ材にうす茶の革張りの座にしました。ここまでは順調でした。ところが三ヶ月たってイタリアからやってきたテーブルが白っぽくってなんとも安っぽくって（もともと安いテーブルなのですが）気に入りません。それからテーブルと比べて椅子がきゃしゃすぎました。椅子も気に入りません。

そこで天板がとねりこのコルビュジエのテーブルを注文しました。とどいたけど食堂に似合いません。またそこでそのテーブルは仕事用に使うことにし、脚がブナ材の「レオナルド」という椅子を買うことにしました。

ここまでのめりこむと、店の方でも気の毒がって気をつかってくれまして、まず「レオ

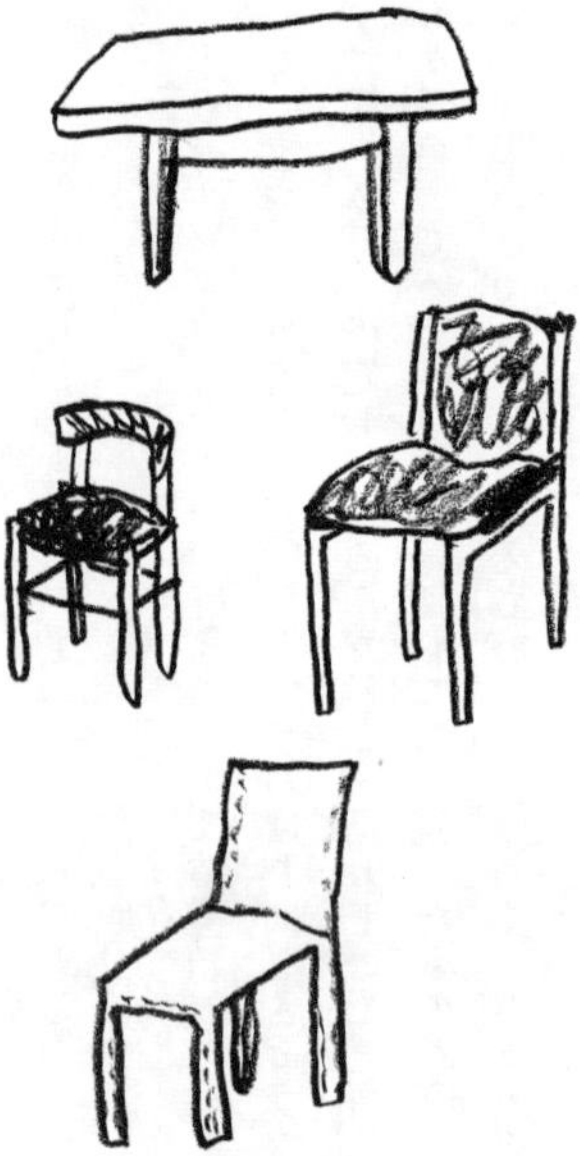

ナルド」を二日間ぐらい貸してくれました。「シルバー」のテーブルに「レオナルド」を置いて合わせてみて、納得してからという方法をとらせてもらったおかげで、私の家の食堂は一応落ちつきました。

「シルバー」も「レオナルド」もそれから天井からぶらさがっているアルフレックスの照明器具も、カジュアルです。決して高級品ではありません。優雅やシャープからもほど遠い、ごく普通のセッティングのものです。またどれもすごーく気に入った形というわけではありませんが、トータルで私の今の暮しに無理なくとけこんでいるよさがあるように思います。

ジオポンティの椅子は世田谷に移した仕事場で使っています。この椅子も地味な見かけですから、かっこいいという印象を人は持たないようです。でもきばらない自然さが今の仕事場にはふさわしいので、気に入っています。

ただここまでくるのに大変悩みました。

今また別の家の椅子をさがさなくてはならなくなっていて、悩みを再開しはじめたところです。本当になかなかいいものが見つからないと近頃また思っています。種類が少ないとも思っています。

でも考えてみたら、ほとんどが日本の家具じゃないんだから、しかたがないかも知れません。私はモダンファニチャーが好きだから、その中でさがそうとしているからです。もちろんヨーロッパアンチック風なんかも日本に入ってきているものが限られています。もっとむつかしいかも知れません。

自分の生活に合ったテーブルと椅子がみつかると、家が生き生きします。食事をする、お茶をする、おしゃべりをする。家も生き生きしますが、家族も生き生きしてきます。だから少しぐらい大変でもいいテーブルと椅子をみつける努力は惜しまないことだと思っています。

収納を考える

私の家には物入れ用の家具がありません。タンスもなければ食器棚もありません。全部つくりつけの収納棚に入れております。

食器や調理器具は、台所の収納棚に入っています。戸がついていますので、外からは中の物が見えません。だから、美しくレイアウトしてしまってはおりません。とりあえずしまってある、という状態です。

器には大きさがあります。大きな皿はそれが入る奥行きのある棚、重すぎる器は棚板に負担のかからない、下段の棚、あっちやこっちに入れてしまうと出す時もしまう時も大変ですから、洋皿の棚、和食器の土ものの棚、染めつけの棚、漆器類《しっきるい》、ガラス器といったように分けています。

こんなことはどこのご家庭でもなさっていることです。

さて、新しい器を買ってしまいました。一応あきのスペースがあるわけではありませんので、台所のスミのどこかに仮置きになります。毎日横目でにらんでいるのですが、棚の中の皿や器がつめてくれて、あきをつくってくれるわけではありませんから、仮置きは数日から一週間二週間になることもあります。

家族達も、いつまでたっても新しい器が外に出ていますから、どうするのだろうかと、私の様子をみているわけです。日がたつにつれて、そろそろ家族から文句が出るんじゃないかと、気が気じゃありません。それならさっさとなんとかスペースをつくってしまえばいいのですが、何故かずるずるとしてしまうのです。とうとう、いわなきゃ動かないのを察知して、これどうするの？　という文句が家族から出るわけです。うーん、そうなのよねえ、どっかに入れなきゃ。

そこで棚の奥の方でねむっている古い器をひきずり出して、これは倉庫の中でいいんじゃない、と無理矢理棚から追い出すわけです。そしてスペースをつくって、新しい器を収納する。

収納するスペースに限りがあるわけですから、新しい器を買う時、本当に必要かどうか考えて買えばいいのですが、わあーかわいい、まあすてき、あら安い、という感情にしっかりひきずられてしまうタイプですから、時々このようなさわぎを起こします。

収納の方法より、何が必要か、これは必要かをまず考えるべきだと、常に思っていますが、それがなかなかむつかしい。

棚の中の器たちの中で、使わないものは実に多いのですね。使うものは限られている。そういうものをチェックして、処分したらどんなにすっきりすることかと、棚の前で座りこんでのぞきこんで思案することもあるのですが、結局、まあいいか一応入っているんだから入れておこう、と戸をしめてしまいます。

先日バカラのシャンペングラスと赤ワイングラスを買いました。

以前はニューヨークのモダンアートミュージアム（M《モ》oMA《マ》）のショップで買ったシャンペングラスに、アンチックショップで買ったワイングラスを使っていました。チグハグで合いません。でもシャンペンなんてそんなしょっちゅう飲むわけではありませんから、まあいいか、ですませてきました。何年か前に仕事でパリのバカラの店を訪ねた時、欲しいグラスがありましたが、買わないで帰ってきて、気にかかっておりましたところ、友人の家でも同じ形のものを使っているので、やっぱり買おうというので買ったのです。

買ったはいいけど収納するスペースがありません。しかたなくもったいぶった赤い箱に入れて、倉庫の中です。来客の度に出してはまたしまっています。今ではモマのもアンチックのもほとんど使いません。それならそれらを箱に入れてしまってしまい、バカラのを食器棚に入れれば使いやすい（使いもしないものは処分するべきですが）。

時々知人が台所を訪れます。初めてうちにきた人は、面白がって、あちこちの戸や引き出しを開けて見学なさいます。私冷や汗が出ます。やだあー引き出しの中にごみくずがたまっている。スパイス入れの中にしっかりペパーがちらかっている。入れ方ががたがたしていてすっきりしていない。

戸をしめれば見えない収納の宿命だと、多少モタモタガタガタしていても気にしなかった私は、来客のチェックに、日頃のいいかげんな生活態度を反省するのです。

きちんと片づけたつもりの棚や引き出しも、半年もするとゴミやほこりが入ったり、並べ方がぐちゃぐちゃしてきたりするものです。一年に一ぺんのチェックでは保てませんね。半年に一ぺんは収納棚のチェックをせねばならないと思うのです。

食器や調理器具以外に、買い置きのかんづめびんづめ乾物の収納もむつかしい。

かんづめびんづめは、安売りの時についつい買ってしまいます。しかたなく倉庫です。台所の棚のものは、たえずいじくりまわすので、並べ方がぐちゃぐちゃです。乾物入れも、めん類とその他に分けた箱を使っていましたが、けずりぶしや煮干しや春雨《はるさめ》等が、箱の上や横にはみ出してしまいます。まあー嫌だと思いながら、すぐに片づけないので、その上に次のものが入ってきて、手がつけられなくなってしまいます。

　どう収納をすればよいのかとか、上手な収納方法という問題の解決話は、私に期待しないでください。私もですが、結局個々の状況の中で、個々の方法を講じるよりしかたがないと思うのです。

　ただいえることは、いつもきちんとしている人は人にいわれなくてもいつもきちんとしているということ。きちんとしたのが好きだけど、いつの間にかぐさぐさになってしまう人は、定期的に整理をすること。まったく整理が駄目な人で、そのくせ気になる人は、努力して整理をすること。ぜんぜん気にならない人は、まあ適当に。

　ちょっと話が変わりますが、むかし友人のお母様がなくなられて、お通夜の日にエプロンを持って手伝いに行きました。こういう形でよそさんの台所の棚や引き出しを開けることになることもあるのです。

　さて、どう生活をなさっていたのか、棚の戸を開けると、ドサッと物が落ちてきます。食器棚の中はガラス戸が入っているにもかかわらずほこりと油がへばりついています。引き出しの中のおはしは、もう一度洗わないと使えない汚さで、当然おふきんは煮しめたようでした。

別に私の生活じゃありませんから、文句はいいませんが、そんな生活をなさっていたことを知りたくなかった、と思いました。

そのことが私を、少しは整理をする方向に引っぱっていってくれたような気がします。以前は他人から見たら、そのお母様とほとんど同じぐらいひどい生活をしていたと思いますもの。

なんとかきれいに生活していきたいと思います。

ちょっとなれない
上等の店に行くと
こわいのよね。でもおい
しいから、また行って
しまうのです。
一九八九年六月二十八日
友人のバースデイ

文庫版のためのあとがき

'91年に文化出版局から単行本として出して頂いたものです。ずいぶん前のことになりますから、情報が変わっていますし、状況も違ってきています。たとえば閉店されている店も多いしお値段も上がっています。できるだけ前の話と分かって頂けるようにはいたしました。それにしても町並みは数年で変わります。どこもここもきれいになりました。この前久しぶりに横浜の中華街に行きましたが、裏道も横道も立派な店が並んでいて、メインストリートが分からなく、迷子になってしまいました。今は迷子になっても携帯電話を持っていれば、電話で話しながら誘導してもらって、目的店に着くことが出来、'91年に私は携帯電話を持っていませんでしたから、時代を感じたのでした。

でもおいしいものはそんなに変わりません。おいしい店も変わりません。新しい店でいえばおいしいパン屋さんが増えたことでしょうか。変わったといえばおいしい老舗が消えていっていること。これはこたえます。さみしいです。それから地方の名店が都心のデパートに進出して、味が違ってきていると思うこともあります。ある佃煮屋は東京人の好みに合わせて味付けを変えていると聞きました。それじゃどこのも同じ味になってしまうではありませんか。また地域で売っているだけではお商売にならないというので、あちこちの街に進出。それで餅菓子や、まんじゅうまで真空パックされ、箱の中に納められている。かなしいことこの上ない。日持ちはするけど味は落ちる。こうやって売るお商売はこの先も続くのでしょうかねえ。私はそう思わないのです。先はいよいよ見えていると思う。やっぱりきっちりおいしいものを作っていくことが評価される時代になると思うのです。いえ願いですが。この前京都の小さな、でも有名な餅菓子屋で買ったかま餅というの、その日に食べたけど、えも言われぬおいしさでした。これこそ「おいしいおいしい！」。『くらしのきもち』に続きデザインを伊丹友広さまにしていただきました。ありがとうございました。前の話なので細かくチェックが必要。それもしてくださいました編集の武田和子さんお礼申し上げます。

二〇〇五年四月　　　　　　　　　　大橋　歩

レシピ

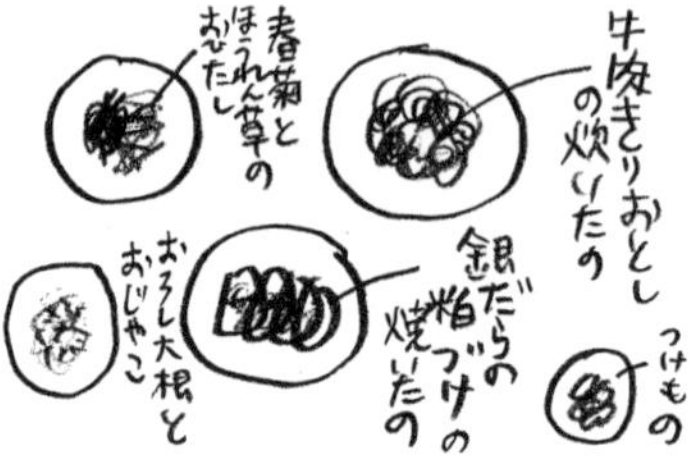

今晩のご飯を考える時、そのへんにある紙きれに、上のような絵を描いてみます。すると安心です。お客さんの時は、料理の本を開きながら、メニューをきめて、やはり上のような絵にします。

レシピ目次

ほうれん草と春菊のごまあえ

材料　ほうれん草
春菊
ごま
しょうゆ、砂糖
塩

私のうちのごまあえはほうれん草と春菊をまぜていました。春菊のプーンとにおう変な感じが好きです。

①湯をわかして塩を入れほうれん草と春菊、別々にゆでる。

②冷たい水にとる。

③それぞれ3センチぐらいに切る。

④いりごまをよくする。

⑤ごまの中に砂糖ひとつまみとしょうゆを入れて野菜の分量に合うごまだれをつくる。

⑥野菜を入れてあえる。

ほうれん草ソテーいろいろ

材料 ほうれん草
バター、塩、こしょう
ナツメグ
Ⓐ卵
Ⓑじゃこ

① 基本形

なべに湯をわかし塩を入れて、洗ったほうれん草を、さっとゆでる。

② 水に放つ。

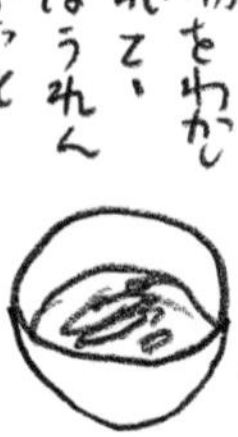

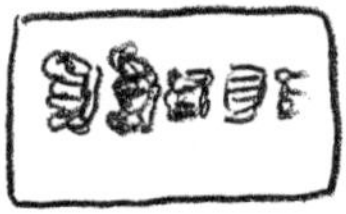

③ 4センチぐらいに切る。根もとはすてる。

④ バターでいためる。

⑤ 塩、こしょうナツメグで調味する。

Ⓐ

① 卵をボールに入れて、少し塩こしょうをする。

注意すること
ほうれん草は
ゆですぎない
いためすぎない
ことです。

② バターで卵のスクランブルエッグをつくる。

③ ⑤を入れてまぜる。

Ⓑ

⑤の段階でナツメグを入れないでおく
そこにじゃこを
入れて いためる。

基本形

卵いりⒶ

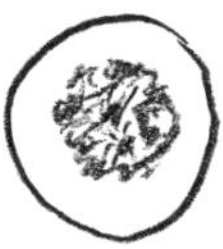

じゃこいりⒷ

ほうれん草と
バナナとツナの
サンドイッチ

材料　ほうれん草
バナナ
ツナ（かんづめ）
マヨネーズ
パン

友人のユリさん
に教えてもらっ
たのです。「バナナ
じゃなくてりんごでも
いいのよ」

うちではピタパン
にはさんで
食べています。

①ほうれん草
は、さっと
ゆがいて
2.5センチ
ぐらいに切って
おく。

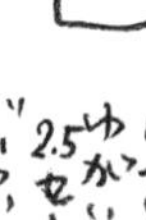

②バナナも
5ミリから7セン
チぐらいに切っておく。

③ツナは身だけ
ほぐして
おく。

④①、②、③を
いっしょにして、
マヨネーズで
あえる。

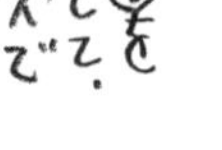

⑤好みのパンに
はさむだけ。

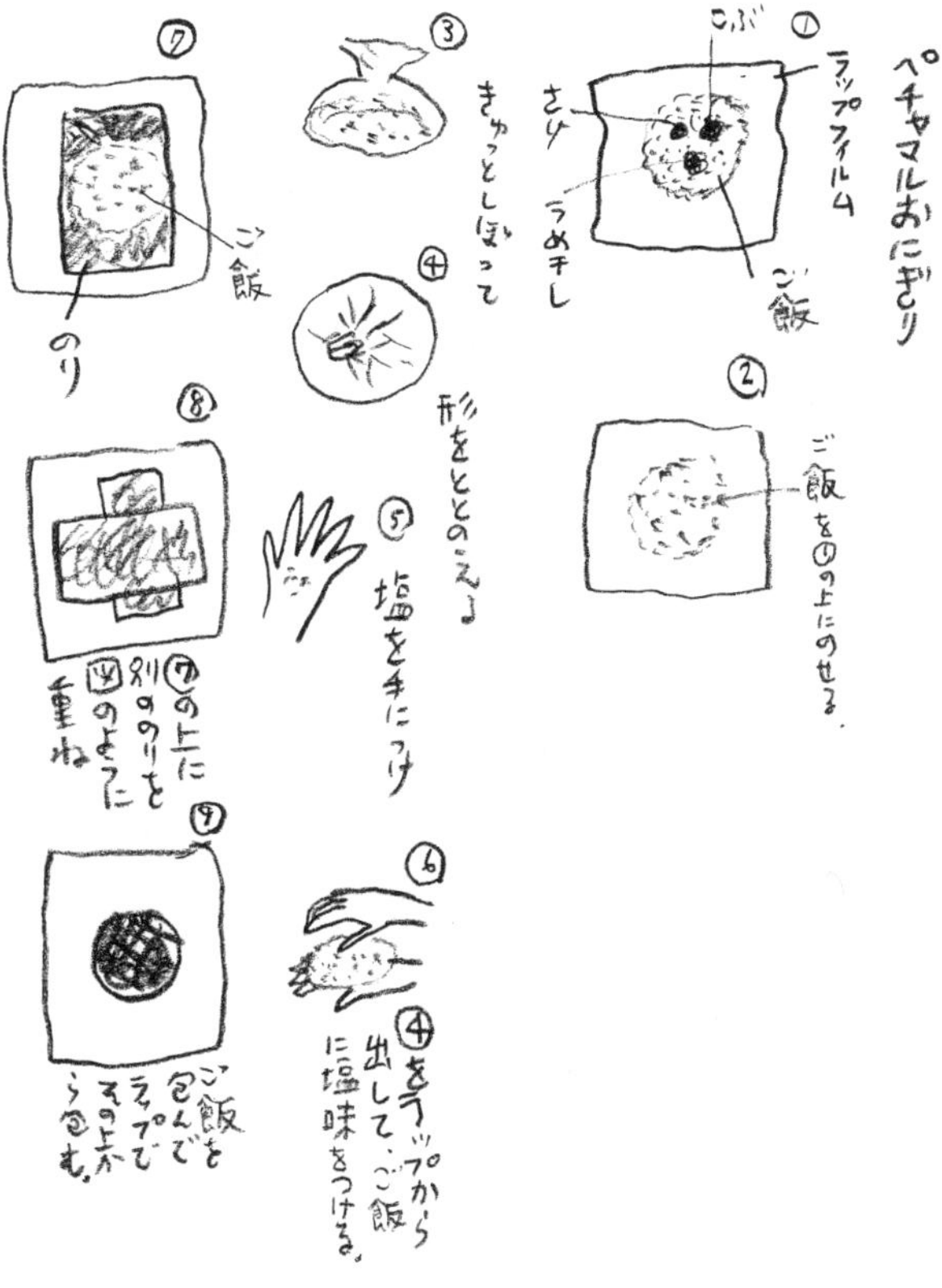
ペチャマルおにぎり
①
こぶ
ラップフィルム
さけ
うめ干し
ご飯
②
ご飯を①の上にのせる。
③
きゅっとしぼって
④
形をととのえる
⑤
塩を手につけ
⑥
④をラップから出して、ご飯に塩味をつける。
⑦
ご飯
のり
⑧
⑦の上に別ののりを図のように重ね
⑨
ご飯を包んでラップでその上から包む。

ご飯いろいろ

ざーさい(びんづめ)とハムのまぜ飯

材料 ご飯
ザーサイ
ハム

① 

ザーサイ みじん切り
ハム みじん切り

② 

ご飯とまぜるだけ。

高菜漬けとおじゃこのいため飯

材料 ご飯
高菜漬け
じゃこ
油

① 

高菜漬けはみじん切りにしておく。

② 

フライパンに油を入れ高菜漬けとじゃこをいためる。

③ 

ご飯も入れていためる。

ピーマン入り
バターライス

材料　ピーマン
ご飯
バター
塩

ご飯は残ります。
なんとか食べきるため
にまぜご飯をします。
中華風、和風、洋風
おかずに合わせて
つくります。

① ピーマンは長さ
2センチぐらいの
細切りに
しておく。

② フライパンに
バターを入れて
とかす。

③ ご飯とピーマンを入れて
よくいためて、塩を
ふって調味する。

バラずし

材料
さしみ用まぐろ
さしみ用たい
たこ
小柱
イクラ
厚焼き卵
きゅうり
しその葉
すし飯
のり（細切り）
わさび

①

さしみ用の魚とたこは
一センチ角に切る
厚焼き卵も一センチ
角に切る

しその葉は千切り。

きゅうりも
一センチ角ぐらいに切る

②

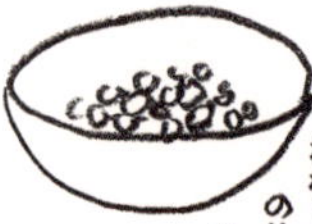

ボールにイクラとしその
葉とすし飯と
のり以外のも
のを入れて
まぜておく。

③

飯台にすし飯を
おく。

④

のりをまぶす。

材料について

本当はおすし屋さんのくずの魚でつくるおすしですから、すしになるものならなんでもよいのです。しめさばでもいいし、えびでもいいし、貝でもいいし、つけものでもいい。

分量は一人前のめやすとして、おさしみの盛り合わせ一、五人前ぐらいと思ってください。

⑤その上に②をのせる。

⑥イクラとしその葉を色よくのせる。

⑦いただく時、わさびをといたしょうゆをめいめいがふる。

野菜ずし

材料 干しいたけ
人参
ゆでたたけのこ
卵
さやえんどう
だし
ご飯（あたたかい）
酢・砂糖

①

干しいたけは水にもどしてうす切り
人参は7ミリ幅の3センチ長さに切る。
ゆでたけのこはだいたい人参ぐらいの大きさに切る。

②

煮もの程度の味で①を煮てざるに入れ水気を切っておく。

③
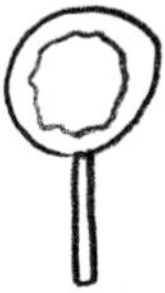

うす焼き卵をつくり

④

③を細く切っておく。

⑤

さやえんどうは塩を入れた湯でさっとゆでて、

細く切っておく。

分量について
こまかい分量は
書いておきません。
いつもだいたいで
つくっていますので
きちっとした分量
がわからないのです。
ごめんなさい。

⑥あたたかい
ご飯に
砂糖を入れ
た酢をか
けて、まぜる。

⑦⑥に②を入れて
よくまぜる
(あたたかい
ご飯じゃな
いとうまく
まざらない)
さましておく。

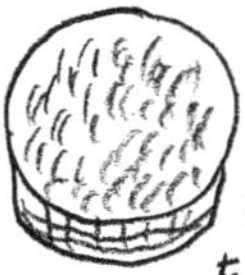

⑧さやえんどう⑤
を⑦の上にのせる。

⑨④をのせる。

いためごはんのつくり方

材料　ひやごはん、とり肉、たまねぎ
かんづめのマッシュルーム、湯でといた
ブイヨン

①ひやごはんは
チンして
あたためておく。

②とり肉は
一口大に
切っておく。

③たまねぎは
みじんぎり。

④マッシュルームは
うすぎり。

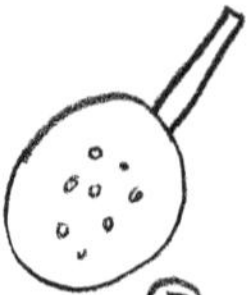

⑤たまねぎを
いためる。

⑥⑤の中にとり肉
を入れていためる。

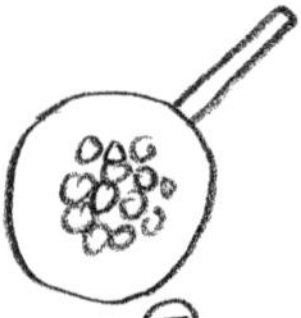

⑦マッシュルームも
入れていためる。
少し塩こしょう
をする。

⑧ごはんを入れる。

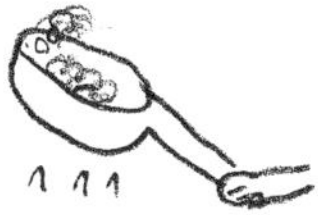

⑨よくよくいためる。

⑩ごはんがよくいたまったらブイヨンを入れてまぜる。

カメラマンの大西さんに教わった

黄桃カッテージチーズサラダ

材料　かんづめの黄桃
カッテージチーズ

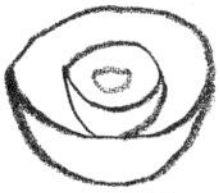

①皿に黄桃を図のように置く。

②たねをぬいた穴の中にカッテージチーズをのせる。

じゃがいもホットサラダ

材料
じゃがいも
りんご
卵
ソフトサラミ
パセリ
マヨネーズ

①

りんごは一口大に切って塩水につけておく
じゃがいもは洗ってラップしておく
卵はかたゆで・
ソフトサラミは適当に切っておく
パセリはみじん切り

②

じゃがいもは電子レンジでチン！しておく。
火が通ったら
↑ラップをとって、すぐに皮をむいておく。

③

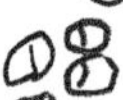

じゃがいもは一口大に切っておく。

④

ゆで卵は1/8に切っておく。

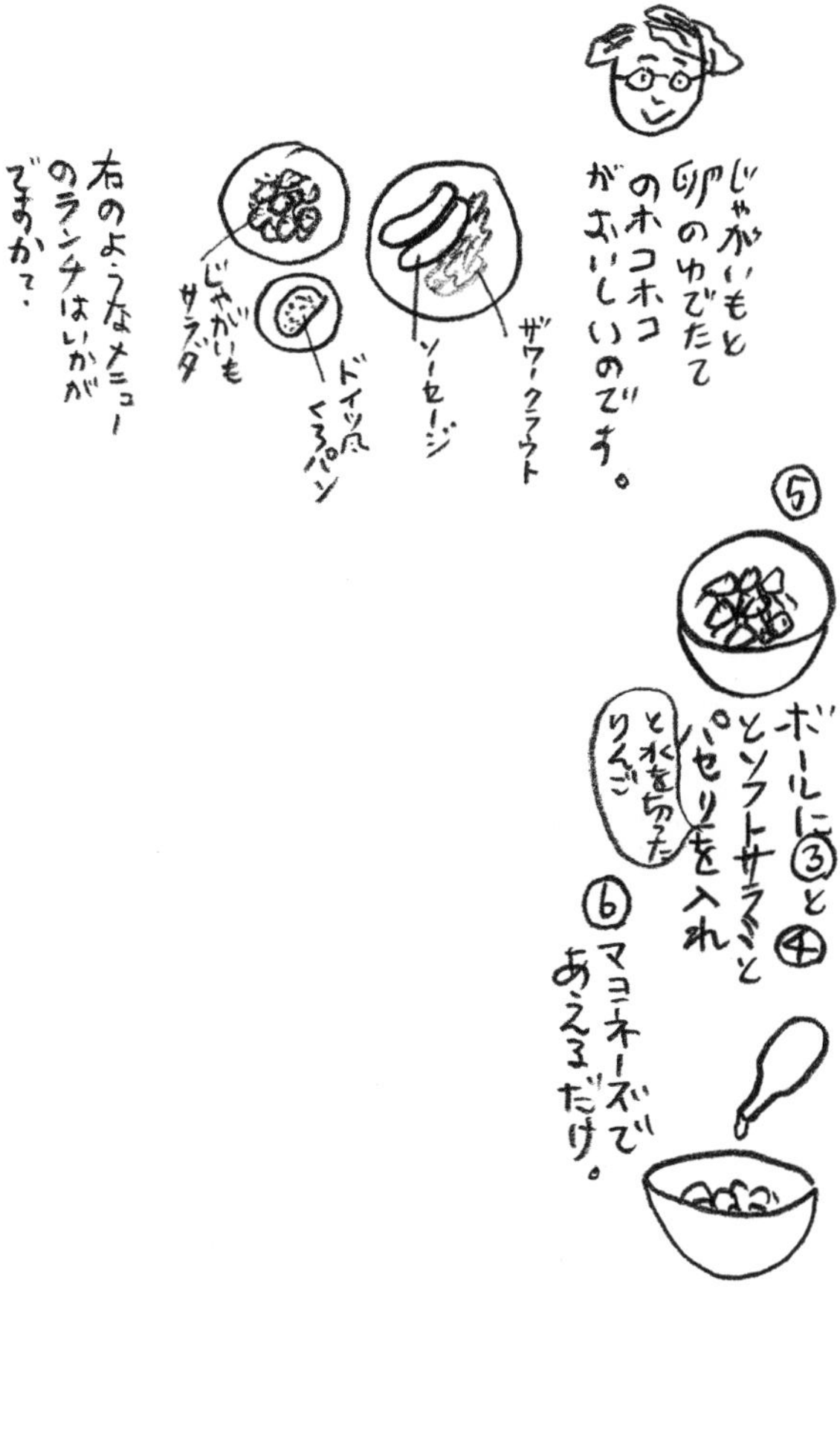
じゃがいもと
卵のゆでたて
のホコホコ
がおいしいのです。
⑤
ボールに③と④
とソフトサラミと
パセリを入れ
と水を切った
りんご
⑥マヨネーズで
あえるだけ。
ザワークラウト
ソーセージ
ドイツ風
くろパン
じゃがいも
サラダ
右のようなメニュー
のランチはいかが
ですかで。

ビーフストロガノフ

材料
焼き肉用の
赤身の牛肉400グラム
玉ねぎ1
マッシュルームかんづめ
生クリーム
スープカップ2
ケチャップ
赤ぶどう酒
酢、塩、ロリエ、にんにく
サラダオイル、こしょう
バター、小麦粉、
ピーマン

① 牛肉は5ミリぐらいに切る。

② ①をボールに入れにんにくのうす切りと、塩小さじ1 ぶどう酒大さじ2、酢大さじ1、サラダオイル大さじ2、こしょうを入れて30分ぐらいおいておく。

③ 玉ねぎはうす切り マッシュルームもうす切り。

ビーフストロガノフは
いろいろのやり方
さがしてつくってみま
したが、これが一番
おいしい。

参考
女子栄養大学出版部
『肉のおかず十二ヶ月』
昭和41年12月5日発行

④サラダオイルで玉ねぎをいため
肉も入れていためて、スープ1カップ
入れて、ぶどう酒大さじ1、トマトケチャップ
大さじ2、ローリエを
入れて中火より弱い
火で50分煮る。

⑥
別なべにバター大さじ1と小麦
粉大さじ1を入れていため、
スープ1カップを加
えて、生クリームと
酢を加えてソー
スをつくる。

ピーマンの細切り入りの
バターライスでいただく。

⑤
④にマッシュル
ームを入れて
20分煮る。

⑦⑥を⑤に
加えて20分
煮る。

とりのトマト煮

材料 とりのぶつぎり肉 800グラム
玉ねぎ 1/2
マッシュルームのかんづめ 1カン
トマトの水煮 トマトだけ
にんにく、白ぶどう酒、小麦粉
ベーリーフ、
塩、こしょう、固形スープ
サラダオイル

① とり肉に塩こしょうをする。

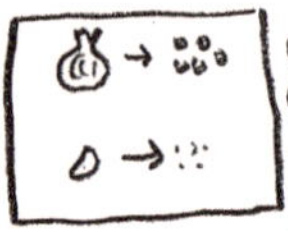

② 玉ねぎみじんぎり
にんにくみじんぎり

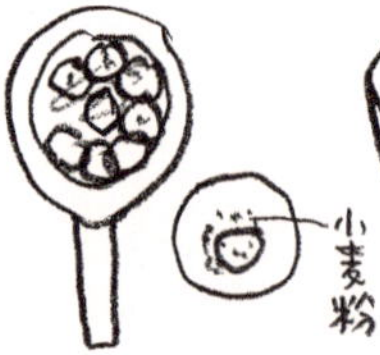

③ フライパンにサラダオイルをひいて①に小麦粉をつけて焼き色をつける感じで焼く。

④ ③に②を加え、さらにいためて、白ぶどう酒も加えて煮る。

⑤ 深めのなべに移す。

とり肉は骨つきじゃなくてもいいけど骨から味が出ておいしいので、骨つきをおすすめします。

⑥トマトの水煮とベーリーフを加えて固形スープを一個半とこしょうを加えて中火で煮る。

⑦30分ぐらい煮てからマッシュルームを入れて5分ぐらい煮て塩あじをみて調味します。

パセリをふったバターライスでいただく。

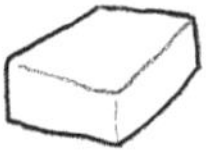

豆腐
中華風
冷やっこ

材料　絹ごし豆腐
ザーサイ
ねぎ
かいわれ大根
ごま油
しょうゆ

① 豆腐は切って冷蔵庫で冷やしておく。

② ザーサイとねぎはみじん切り、かいわれは根を切っておく。

③ ボールにごま油2しょうゆ3の割合でまぜておく。

④ 食べる時、①に②をのせて③をかける。

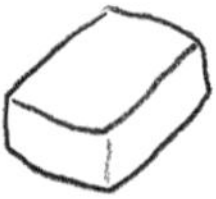

豆腐
中華風
サラダ

材料　木綿豆腐
トマト
ねぎ
かいわれ大根
ごま油
しょうゆ

① 豆腐は1.5センチ角ぐらいに切っておく。トマトは湯むきして一口大に切っておく。ねぎは小口切り、かいわれ大根は根をおとしておく。

② 食べる前にごま油1としょうゆ2であえる。

豆腐のあえもの

材料
木綿豆腐
ピータン
香菜
ごま油
塩

私は香菜が好きです。食べなれると、あれがあると うれしい。

① 豆腐は一センチ角ぐらいに切る。ピータンも一センチ角ぐらいに切る。香菜は葉をつんでおく。

② ごま油と塩で調味する。

さばのつけもの
あえ

材料 さば、
大根のつけもの
しその葉
塩、酢

① さばは
三枚に
おろす。

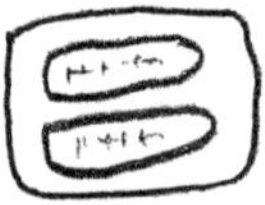

② バットに入れて
塩をたっぷり
して、冷蔵庫
に入れる。
半日おく。

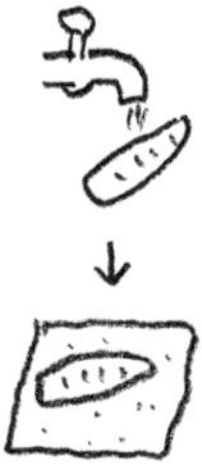

③ 塩を洗っておとして、
フキンで水気を
とります。

④ 酢につけて
10分〜20分
おいて出す。

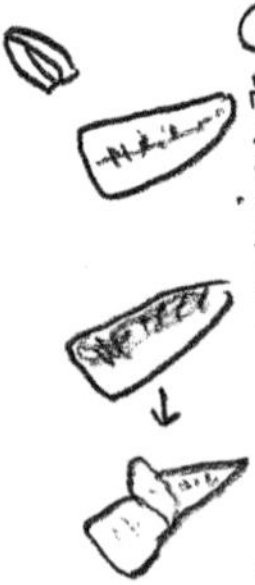

⑤ 骨をとり、皮をはぎます。

⑥うすく切ります。
さしみぐらい。

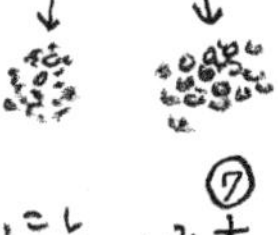

⑦大根のつけものの
みじんぎりにします。
しその葉も
こまかく切って
おきます。

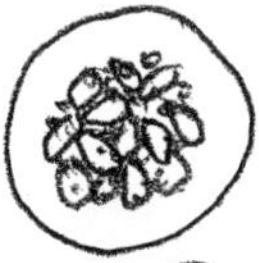

⑧⑥と⑦を
あえて、皿に
盛りつけます。

おいしく食べる。
しめさばは
手づくりが一番です。
しめさばをすし皿
した食べ方です。
これは文化出版局の
『日本の料理』から。

いわしの塩焼き

材料　いわし
おろし大根
塩

①いわしに
塩をする。

②両面を焼く。

たっぷりの
おろし大根
でいただく。

食べ方
一番おいしい食べ方は
一番簡単な焼くという
方法です。鮮度のよさと
おろしたてのおろし大根と、
焼きたてを食べることが大事。

いわしのソテーをまぜたサラダ

材料　いわし、レタス
きゅうり、トマト
かいわれ大根
フレンチドレッシング
塩、こしょう

注意
いわしはカラッとソテーすること。

フレンチドレッシングのつくり方
玄米酢1に対して、オリーブオイル1
サラダオイル2、塩とこしょう
をまぜます。

① いわしは三枚におろし、三つぐらいに切っておく。塩こしょうをかるくしておく。

② いわしをソテーする。

③ トマトは湯むきして一口大に切っておく。レタスは食べやすい大きさにちぎっておく。

きゅうりは適当に切っておく。

かいわれ大根は根もとを切っておく。

④ 全部をボールに入れて、フレンチドレッシングでまぜる。

いわしの丸干し オレガノ風味

材料 いわしの丸干し オレガノ、ブラックペパー・サラダオイル

よいこと
丸干しだと、骨まで食べられてよい。冷凍をしておいた丸干しが使える。すぐ出来る。

① フライパンを火にかける。

③ オレガノ、ブラックペパーを両側にふったいわしを入れる。

ほうれん草のソテーといっしょに盛る。

② サラダオイルを入れる。

④ フタをして焼く。しばらくして裏がえして焼く。

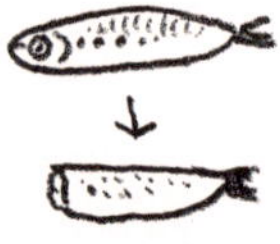

頭とはらわたをとってしまって焼いてもよいのです。

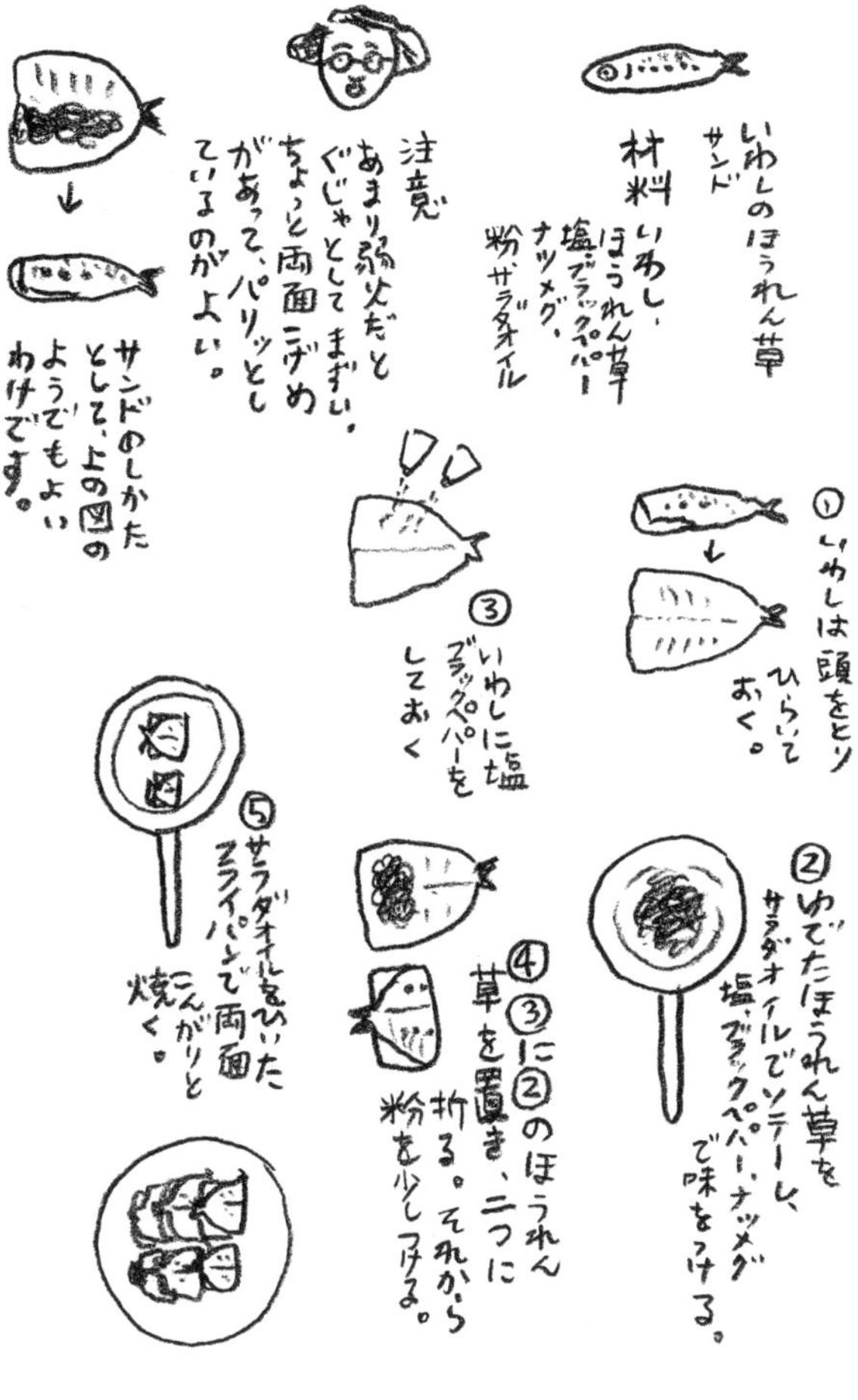
いわしのほうれん草サンド
材料 いわし、ほうれん草、塩、ブラックペパー、ナツメグ、粉、サラダオイル
注意 あまり弱火だとぐじゃとしてまずい。ちょっと両面こげめがあって、パリッとしているのがよい。
サンドのしかたとして、上の図のようでもよいわけです。
① いわしは頭をとりひらいておく。
② ゆでたほうれん草をサラダオイルでソテーし、塩、ブラックペパー、ナツメグで味をつける。
③ いわしに塩ブラックペパーをしておく
④ ③に②のほうれん草を置き、二つに折る。それから粉を少しつける。
⑤ サラダオイルをひいたフライパンで両面こんがりと焼く。

ラタトゥイユ
材料 トマト水煮
なす
ズッキーニ
ピーマン
たまねぎ
しいたけ
塩こしょう、コリアンダー、
イタリアンハーブ（ドライ）
サラダオイル
①生の野菜は一口よりちょっと大きめに切っておきます。
②①をサラダオイルでいためます。
③トマトの水煮を加えます。おとしぶたをします。
④中火で煮ていると水があがってきます。塩こしょうをします。
⑤コリアンダーとイタリアンハーブを入れて水がなくなるまで煮ます。

上手につくるには
塩かげんがむつかしい。
わりとたくさん塩を入れます。
味みをしながら、煮ていくこと
です。
火かげんはなべにもよりますが
水が出てくるまでは中火より
弱くしておきます。
水をとばしたい時は火を強
くします。
もしも、煮えているのに、水分
が多いときは、水分だけにして、
煮つめて野菜をもどすのも
方法です。

それから——
出来たてほやほやを
すぐに食べるより、
しばらく置いておく。
朝つくって夜食べる分。
二日ぐらい冷蔵庫に入れて
おくとか。そうすると
味がしみておいしいのです。

うちのやり方
はかせなべというのを使います。

① いためた材料をなべに入れて調味し、ふっとうしたらおろして一時間ぐらいおいておく

② まぜて上と下を入れ替えて

③ また煮ます。同じことを二回くりかえし、

④ 水分だけとり出して煮つめます。

⑤ ③と④を合わせて、タッパーに入れて冷やします。

なすいため イタリアン風味

材料
なす
水煮トマト
にんにく
塩、こしょう
オレガノ（ドライ）
バジル（ドライ）
オリーブオイル

① なすは八つに切る

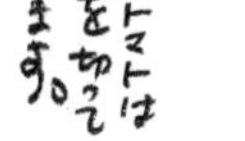

② 水煮トマトは水気を切っておきます。

③ にんにくはみじんぎり。

④ オリーブオイルでなすをいためます。

⑤ なすがだいたいいたまったら、③を入れていためます。

⑥ 塩こしょう、オレガノ、バジルを入れます。

⑦ ②を入れてザッザッとひっくりかえして、味をつけます。

材料について
なすは米なす
と日本なすが
あり、日本なすも
長なすと普通
なすがあります。
イタリア風の料理
の時は、どのなすでも
よろしい。

米なす
長なす
普通なす

なすの切り方

米なすの場合
半分
輪切り
さいころ
スライス
横切り

長なす
輪切り
たて1/4に切り
それをいくつかに
切る

普通なす
うすい
スライス
さいころ
たて
1/4
たて1/4
よこ1/4

なすのチーズとトマトソース重ね焼き

材料　なす
　　　チーズ(おろす)
　　　トマトソース
　　　サラダオイル

気をつけていることヘルシーに、あまりカロリーをあげないよう、油であげたりしないのです。そして生クリームも使わないのです。トマトソースも手づくりです。

① たてにスライスしたなすを、サラダオイルでいためる。

② 耐熱皿にバターをぬりつけておく。

③ なすをならべる。

④ ③の上にトマトソースをのせる。

⑤ ④の上にチーズをのせる。

⑥ これをくりかえし、最後にチーズをしっかりのせて、

⑦ 180度のオーブンで25分程焼く。

あつあつをいただく。

なすのサラダ

材料　なす
きゅうり
オリーブの実
オレガノ、ケッパー
サラダドレッシング

注意すること
なすをチン！する時少し生かなぐらいで、火も通っているのがよいのです。火が通りすぎていると、まずい！

電子レンジがない人はふかすかゆでます。

きゅうりのかわりにゆでたアスパラガスを入れてもおいしい。

きゅうりもアスパラガスも入れると豪華。

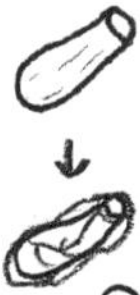

① なすは皮をむいて、ラップに包んで

② チン！します。

③ 半分にしてそれを1/4に切ります。

④ きゅうりも皮をとります。

⑤ たて1/4にしてなすの大きさに切ります。

⑥ たねぬきオリーブを荒みじん切りにします。

⑦ ③⑤⑥をボールに入れ、オレガノ、ケッパーを入れサラダドレッシングであえ、冷やします。

スパゲティ
にんにくと
とうがらし風味

材料　スパゲティ
にんにく、とうがらし
オリーブオイル
塩、こしょう

シンプルスパゲティ
どう食べるか

いろいろおかずが
ある日、例えばとりの
トマト煮とか、
魚のソテーにラタトゥイユ
にトマトとモッツァレラサラダ
がある日、シンプルスパ
ゲティをします。

①たっぷりの
湯をわかして、
塩を入れて
スパゲティをゆでる。

②
①をゆでている間に
ソースをつくる。
オリーブオイルの中に
スライスしたにんにくと
とうがらし（そのまま）
を入れる。

③ゆでて水切り
をしたスパゲティを
②に入れてザッザッ
といためて、塩
こしょうをして
味をととのえる。

バミセリの野菜ソース

材料 バミセリ
なす、トマト水煮
たまねぎ、ピーマン
かんづめのマッシュルーム
塩こしょう

おいしく食べるには塩味のかげんは、必ずなめてみることです。ちょっとしょっぱいぐらいが、バミセリには合います。うす味すぎるとまずいのです。バミセリもソースも、あつあつがおいしい。

① トマトの水煮を除いてさいのめに切っておく。

③ ピーマンマッシュルームもいためる。

⑤ 塩こしょうをして、煮る。水気がなくなるまで煮る。

⑥ 湯をわかしてバミセリをゆでる。

② たまねぎとなすをいためる。

④ トマトの水煮を加える。

⑦ 水気を切ったバミセリの上に、野菜ソースをかける。

タリアテッレをつくる（初めて）

材料
強力粉100グラム
薄力粉100グラム
卵2個
塩 小さじ1/3
オリーブオイル大さじ1

①ボールにふるった粉をこんもり山型に入れる。

②山型の粉のまん中に穴をあける。

③穴の中に卵と、塩とオリーブオイルを入れる。

④卵をくずしながら粉をまぜていく。

⑤まぜていくうちにボールになる。

⑥板の上かテーブルの上に出して、よくよくこねる。10分以上こねる。

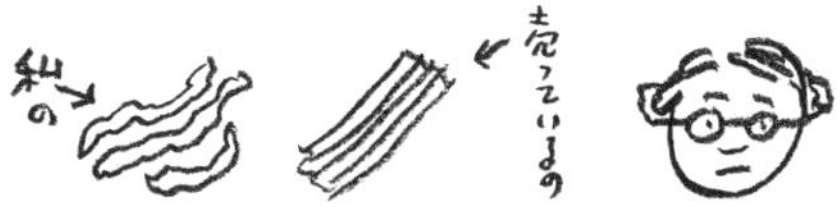

ニューヨークなんかだと（いやらしいけど）生のパスタを売っている小さな店があるのです。自分でつくってみたかった。それで粉だらけになりながら、つくりました。ただし、手打ちのうどんみたいになってしまって、パスタマシンを欲しいと思ってしまったのでした。

⑦ぬれふきんにつつんで冷蔵庫に30分入れておく。

⑧打ち粉をしてのばす。

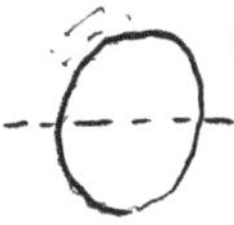

⑨二つぐらいに分ける。

⑩うすくうすくのばす。

⑪重ねて小口より一センチぐらいの幅に切っていく。

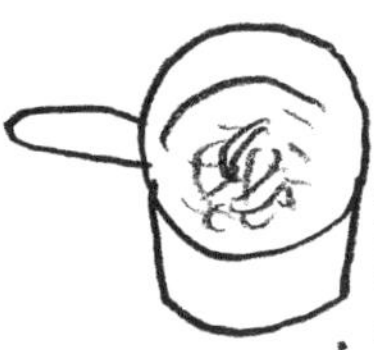

⑫湯をわかして塩を入れてゆでる。三分ぐらい。

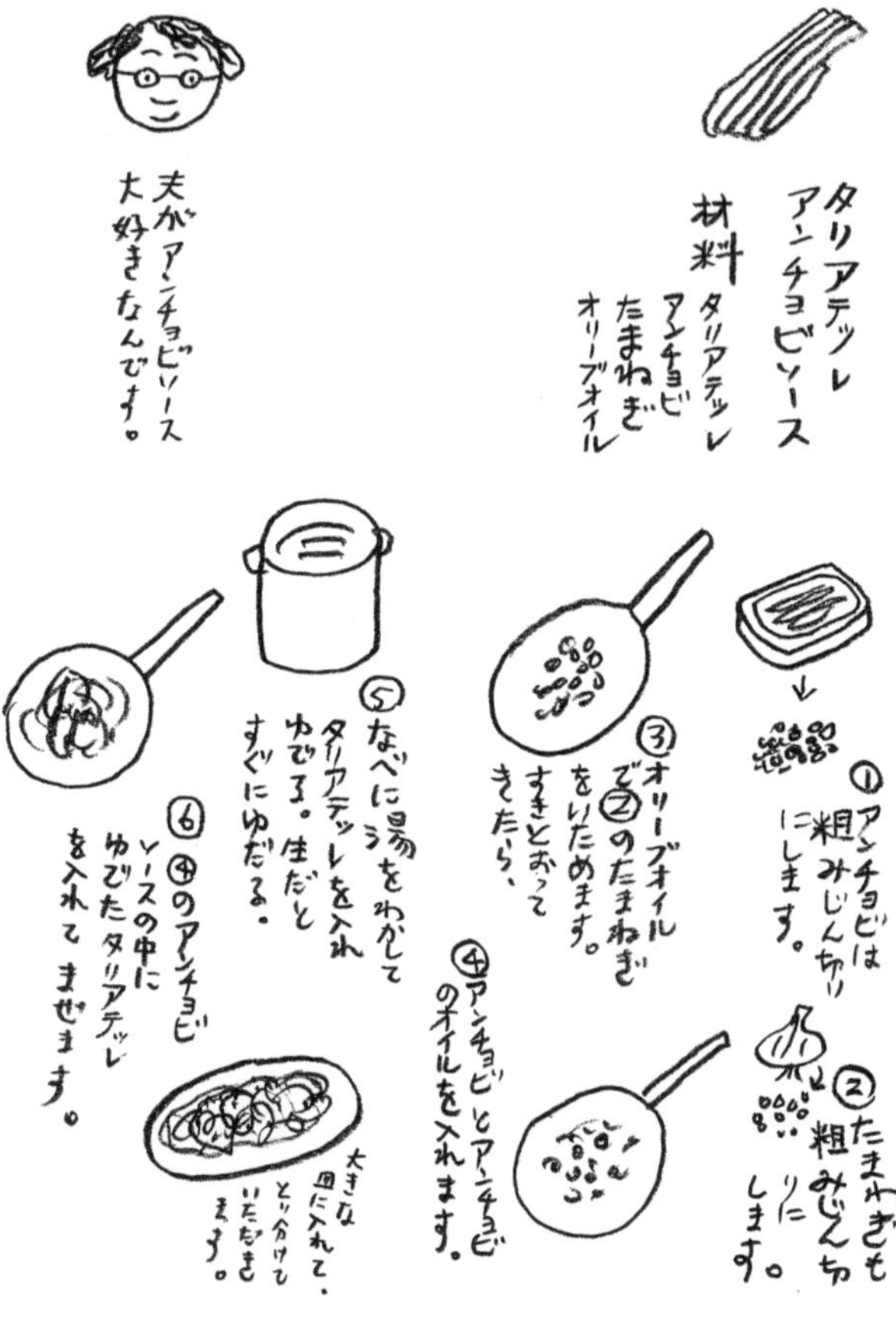
タリアテッレ
アンチョビソース
材料
タリアテッレ
アンチョビ
たまねぎ
オリーブオイル
夫がアンチョビソース
大好きなんです。
①アンチョビは粗みじん切りにします。
②たまねぎも粗みじん切りにします。
③オリーブオイルで②のたまねぎをいためます。すきとおってきたら、
④アンチョビとアンチョビのオイルを入れます。
⑤なべに湯をわかしてタリアテッレを入れゆでる。生だとすぐにゆだる。
⑥④のアンチョビソースの中にゆでたタリアテッレを入れてまぜます。
大きな皿に入れて、とり分けていただきます。

紫キャベツサラダ

材料　紫キャベツ
ワインビネガー
オリーブオイル

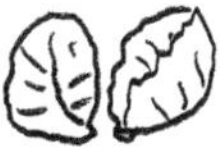

①キャベツははがして洗って、水を切っておく。(ふきんでふいておく)

②千切りにする。

③ボールに入れてワインビネガーとオリーブオイルを入れてよくまぜる。

この前米田さんの前で紫キャベツをはがして洗わないで切って使ったら、ア然としていた。外側の三枚くらいはちゃんと洗って使ったらいいと思った。紫キャベツは、かたいまきなのです。

この人は友人の米田さん(似てない)。おいしいもの大好きな人。この人に教えてもらった。

ティラミスを教えてあげる

(もう四回つくって、教えてあげられるぐらい上手になりましたから)

材料　フィンガークッキー10本
マスカルポーネ(チーズ)
(ないときはパンにぬるくらいやわらかいクリームチーズに生クリームをまぜる)
エスプレッソコーヒー200cc
コーヒーのリキュール大さじ3
卵2、砂糖大さじ2
ココア

① コーヒーにリキュールをまぜておく。

② 卵の白身に砂糖を入れ5分ぐらいにあわだてておく。

黄身は別にしておく。

③ チーズに黄身をまぜる。

④ ③に②を入れてよくまぜる。

⑤ 箱型の入れものを用意する。

⑥ ①にクッキーをひたす。

このティラミスのつくり方、いろいろやってみてこれならおいしいというのになりました。ちゃんとした本に出ているティラミスなのに、ぜんぜーんまずいというのもありました。イタリア料理の後でエスプレッソのコーヒーと出してください。お酒のよい人にはグラッパをおすすめしましょう。

フィンガークッキー（ビスケット）箱に入ってスーパーマーケットで売っています。でもなかなかさがせなかったら甘くないプレーンなクッキーでもつくれます。

⑦ ⑤に⑥を並べ、その上に④をのせ、その上に⑥を並べ④をのせる。そして冷蔵庫で冷やす。

⑧ 食べる時にココアの粉をたっぷりまぶす。

何回もつくってみて、⑦の前に④をひくのもよい。それからクッキーを並べてからココアかエスプレッソの粉をふるうと、おいしい。

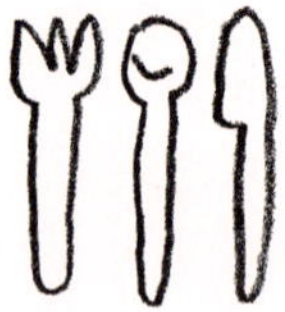

この作品は、一九九一年二月、文化出版局より刊行されました。

集英社文庫

おいしい　おいしい

2005年5月25日　第1刷

定価はカバーに表示してあります。

著　者　大《おお》　橋《はし》　歩《あゆみ》

発行者　谷　山　尚　義

発行所　株式会社　集　英　社

東京都千代田区一ツ橋2—5—10

〒101-8050

電話　03 (3230) 6095（編集）
(3230) 6393（販売）
(3230) 6080（制作）

印　刷　大日本印刷株式会社

製　本　大日本印刷株式会社

ISBN4-08-747823-8 C0195